C·H·Beck

PAPERBACK

Alec Baldwin & Kurt Andersen

Meine FANTASTISCHE PRÄSIDENTSCHAFT

Die echte (NO FAKE!) Wahrheit über mich:

DONALD J. TRUMP

Aus dem amerikanischen Englisch übersetzt
von Stephan Kleiner

C.H.Beck

Titel der Originalausgabe:
„You Can't Spell America Without Me, The Really Tremendous Inside Story of My Fantastic First Year as President Donald J. Trump, A So-Called Parody by Alec Baldwin & Kurt Andersen"

Mit 31 Abbildungen

Dieses Buch und seine Inhalte wurden weder von Donald J. Trump oder einer seiner Firmen noch von Vertretern des Weißen Hauses autorisiert oder in irgendeiner Weise gebilligt.

Satz: C.H.Beck.Media.Solutions, Nördlingen
Druck und Bindung: CPI – Ebner & Spiegel, Ulm
Umschlaggestaltung: nach Vorbild der Originalausgabe, Bonnie Siegler, Eight and a Half
Umschlagabbildung: © Mark Seliger, Alec Baldwin; Abbildungen von Ivanka Trump (v. l. n. r.): Bryan Bedder, Getty Images; Alex Wong, Getty Images; John Sciulli, Getty Images
Gedruckt auf säurefreiem, alterungsbeständigem Papier
(hergestellt aus chlorfrei gebleichtem Zellstoff)
ISBN 978 3 406 73535 6
Printed in Germany

www.chbeck.de

INHALT

KAPITEL 1 Wie alles begann 9

KAPITEL 2 Nichts als die Wahrheit 14

KAPITEL 3 Amerikanische Geschichte 22

KAPITEL 4 Sieger und Gewinner 29

KAPITEL 5 Mount Rushmore – da fehlt einer 38

KAPITEL 6 Wem gehört das Weiße Haus? 41

KAPITEL 7 Ein Fernseher im Oval 51

KAPITEL 8 Es fühlt sich echt an, so wie im Film 57

KAPITEL 9 *Ich* bin der Präsident 68

KAPITEL 10 Wie neugeboren 79

KAPITEL 11 Harte Kerle 84

KAPITEL 12 Luft nach oben 90

KAPITEL 13 Die sogenannte Russland-Affäre 99

KAPITEL 14 Ein Präsident mit Superkräften 104

KAPITEL 15 Das amerikanische Volk kennt die Wahrheit 113

KAPITEL 16 Chinas großer Plan 123

KAPITEL 17 Die Kanzlerin weiß von nichts 129

KAPITEL 18 Gefälschte Umfragewerte 140

KAPITEL 19 Verräter, Lügner und Nichtsnutze 148

KAPITEL 20 Ivankas umwerfendes Lächeln 156
KAPITEL 21 Und in der Hauptrolle: Donald J. Trump 164
KAPITEL 22 Ich bekomme niemals Panik 173
KAPITEL 23 „Töten“ in Anführungsstrichen 182
KAPITEL 24 Der gekaufte „Sonderermittler“ 188
KAPITEL 25 Alles ist fake 193
KAPITEL 26 Starker, kleiner russischer Freund 197
KAPITEL 27 Verrückte Welt 203
KAPITEL 28 Meine Geheimnisse 207
KAPITEL 29 Zukunftspläne 211
KAPITEL 30 Showtime 216

Danksagung 219
Über die Autoren 221
Bildnachweis 223

FÜR MEINE AMERIKANISCHEN LANDSLEUTE,
DIE NUR DAS BESTE VERDIENEN UND ES JETZT
AUCH ENDLICH HABEN –
DEN REICHSTEN,
SCHLAUSTEN & GROSSARTIGSTEN
PRÄSIDENTEN ALLER ZEITEN

TRUMP TOWER
OPEN TO
THE PUBLIC
TRUMP TOWER

KAPITEL 1 ★ ★ ★ ★ ★ ★ ★ ★ ★ ★ ★ ★ ★

WIE ALLES BEGANN

Ich weiß noch, wie das alles begann. Die „Reise zur Präsidentschaft“, wie meine Tochter Ivanka immer dazu sagt. Es war ein ganz, ganz fantastischer Tag, einer der besten in meinem ganzen Leben. Dabei habe ich so viele tolle Tage erlebt – den Tag, als meine Mutter meinen Vater dazu brachte, mich nicht mehr „blöder kleiner Homo“ zu nennen; den Tag, als mein Vermögen größer war als seins; die Tage, als meine fünf Kinder geboren wurden (ja, auch Tiffany). So viele phänomenale Tage.

Es war im Januar 1986, der Tag, als das Space Shuttle explodierte, echt tragisch, aber ich war in Hochstimmung. Mein erstes Casino in Atlantic City lief unfassbar gut, es kam richtig viel Geld rein, und ich hatte gerade eine tolle Idee gehabt: Ich würde es einfach in Trump Plaza umbenennen und damit noch erfolgreicher machen. Ich war Ende dreißig und hatte gerade eine meiner zukünftigen Frauen kennengelernt, Marla Maples, die einundzwanzig, vielleicht auch zweiundzwanzig war und vom Aussehen her damals auf jeden Fall eine Neuneinhalb. Ich war in Palm Beach, meine eigentliche Frau Ivana war irgendwo anders, und ich fuhr mit meinem Rolls-Royce zum Hotel The Breakers, um dort den legendären Roy Cohn zu besuchen, meinen extrem toughen Anwalt und persönlichen Freund. Roy hatte eine Suite im The Breakers, das sich kurz davor geweigert hatte, mir zwei Penthäuser zu verkaufen und mich eins draus machen zu lassen. Die Idioten, als ehemalige Residenzen des amtierenden Präsidenten der Vereinigten Staaten von Amerika wären die Dinger heute unfassbar viel wert. In den zwölf oder dreizehn Jahren, die ich Roy kannte, hatte er mir beigebracht, wie wichtig es ist, das ganze Jahr über eine starke, tolle Bräune im Gesicht zu haben, aber ich weiß noch, dass er an diesem Tag ganz blass aussah. Wahrscheinlich war er da schon krank, AIDS, wirklich traurig, also beschloss ich, mit ihm nach Mar-a-Lago zu fahren, um ihn damit ein bisschen aufzuheitern.

IN DEN ZWÖLF ODER DREIZEHN JAHREN, DIE ICH ROY KANNTE, HATTE ER MIR BEIGEBRACHT, WIE WICHTIG ES IST, DAS GANZE JAHR ÜBER EINE STARKE, TOLLE BRÄUNE IM GESICHT ZU HABEN.

Ich hatte das Anwesen gerade gekauft, ein großartiger Deal, einer meiner besten, nicht der größte, aber einer der spektakulärsten. Ich hatte es für einen Bruchteil von dem gekauft, was ich ein paar Monate vorher geboten hatte, weil ich den Eigentümern erzählt hatte, ich hätte den ganzen Strand direkt hinter dem Haus gekauft und könnte ihnen die Sicht komplett verbauen, sie könnten also nur an mich verkaufen oder gar nicht. (Das stimmte nicht so ganz, aber ehrlich gesagt waren sie ängstliche Schwächlinge, wie so viele, die keine Trumps sind – und manchmal sogar, wenn sie's sind.)

Jedenfalls war ich mit Roy Cohn, der großen Respekt vor mir hatte, in Mar-a-Lago, dem schönsten, großartigsten, eindrucksvollsten Haus in Florida, einem der schönsten und eindrucksvollsten in den Vereinigten Staaten oder der gesamten westlichen Hemisphäre, wahrscheinlich auf der ganzen Welt. Es war komplett leer bis auf die Latinos und die Afroamerikaner – tolle Leute –, die den Schimmel von den Wänden kratzten und die Eidechsen erschlugen und so was.

★ ★ ★ ★ ★ ★ ★ ★ ★ ★ ★ ★ ★

„Weißt du was, Roy?", sagte ich. Wir standen auf einer von den schönen Marmorverandas mit spanischen Fliesen aus dem 15. Jahrhundert, also 1400 noch was, als Spanien und diese Leute noch ganz oben waren, jede von den Fliesen ist jetzt 25 000 Dollar wert, eine halbe Million Pesos das Stück. Ich guckte auf den Ozean, nicht traurig, eher auf so eine weise, nachdenkliche Art. „Es ist echt ein Jammer, dass Donald Trump nie Präsident werden kann", sagte ich. „Nicht dass ich das unbedingt wollte. Mein Leben ist in vielen Punkten besser, viel besser als das von einem Präsidenten. Wusstest du, dass Reagan bloß zweihunderttausend im Jahr verdient? Aber was mir gegen den Strich geht, ist, dass ich nur wegen diesem blöden Gesetz nicht Präsident werden kann."

Roy fuhr mit der Hand über einen von den aus Stein geschnitzten Greifen, diese schwulen kleinen Königsdrachendinger, die es überall auf Mar-a-Lago gibt. „Welches ‚Gesetz'? Du meinst das Problem mit diesem Penner in Atlantic City? Mach dir über den keine Gedanken. Vergiss ihn. Der ist weg. Er existiert nicht. Im Ernst."

„Nein, nein", sagte ich, „wegen meiner Mom. Weil sie aus Schottland ist."

Roy erklärte mir, ich hätte mich die ganzen Jahre über geirrt – ein ausländischer Elternteil bedeutet nicht, dass man nicht Präsident werden kann. Paragraph irgendwas, Absatz soundso.

„Wow“, sagte ich. „Wow. Und in ein paar Monaten werde ich vierzig. Du weißt, was das heißt.“

„Du setzt Ivana vor die Tür? Okay. Aber sag’s ihr bitte erst, wenn der neue Ehevertrag aufgesetzt und unterschrieben ist.“

„Nein, es heißt, dass ich dann alt genug bin, um endlich Präsident zu werden! Nichts kann mich dann mehr aufhalten, Roy!“

„Du könntest jetzt schon zum Präsidenten gewählt werden, Don. Das Mindestalter ist fünfunddreißig, nicht vierzig. Selber Paragraph, selber Absatz.“ Sogar mit seinem AIDS hatte Roy noch einen messerscharfen Verstand.

ER WAR MEIN MENTOR UND ICH SEIN JOHN F. KENNEDY, VORAUSGESETZT JOSEPH KENNEDY WÄRE EIN SCHWULER JUDE GEWESEN UND SEIN SOHN PROTESTANT.

In dem Moment sah ich die ganzen Möglichkeiten, die ganzen Sachen, die ich mit meinem Leben anstellen könnte. Präsident werden zum Beispiel. Roy starb ein paar Monate später, und er wäre viel glücklicher gestorben, wenn er gewusst hätte, dass er der Wegbereiter für meinen größten Deal und meinen größten Triumph überhaupt gewesen war – dass er mein Mentor war und ich sein John F. Kennedy, vorausgesetzt Joseph Kennedy wäre ein schwuler Jude gewesen und sein Sohn Protestant. Stolz, dass ich es bin, der Amerika am Ende wieder groß machen wird. Damit ist auch ein für alle Mal zweifelsfrei bewiesen, dass Trump ein bedeutender Mann ist, den die Welt niemals übergehen oder verspotten sollte. Ein großer Sieger auf dem amerikanischen Geschäftsmarkt? Logisch. Ein sexy Typ, zu dem sich Tausende schöne Ladys, Supermodels, Entertainerinnen und noch viele andere hingezogen fühlen? Auf jeden Fall. Aber vor allem ein hochintelligenter und äußerst vertrauenswürdiger Führer, zu dem die Leute wirklich, wirklich, wirklich aufschauen und den Millionen und

Milliarden wirklich, wirklich, wirklich lieben und respektieren, für immer.

Das war der Tag, an dem alles anfing, vor fast zweiunddreißig Jahren, als sich die Marke *Trump* gerade erst zu einer richtig angesagten Marke entwickelte, lange bevor sie die angesagteste Marke der Welt wurde.

KAPITEL 2 ★★★★★★★★★★★★★

NICHTS ALS DIE WAHRHEIT

Dieses Kapitel, also das von eben, wurde von mir, Donald Trump, persönlich geschrieben. Ich schwöre es beim Leben meiner jüngsten Tochter. Das hier schreibe ich auch persönlich. Dieses gesamte Buch: die ganzen Wörter und Sätze und längeren Abschnitte, die Absätze, die Kapitel, alles von mir, nicht „aufgezeichnet von" oder „in Zusammenarbeit mit" irgendeinem armseligen, zwielichtigen Parasiten von Ghostwriter. Anders als viele bisherige ausgezeichnete Trump-Bücher, die von solchen Blutsaugern nach Gesprächen mit mir geschrieben wurden, ist dieses Trump-Buch zu einhundert Prozent von mir. Und wenn ich ganz ehrlich sein darf, ist es jetzt schon das beste.

Es gibt viele Gründe, wieso ich es selbst schreibe. Aber das Hauptproblem ist Vertrauen. Wem können wir komplett vertrauen? Der Familie. Und damit meine ich Kinder – vielleicht auch noch Enkelkinder, mein ältester Enkel ist zehn, das kann ich also noch nicht genau sagen –, aber keine Frauen oder Adoptivkinder, sorry, aber nicht die gleichen Gene. Wobei ich gehört habe, man könnte Leuten die eigenen Gene einspritzen lassen und sie zu Blutsverwandten machen, was ich interessant finde. Die Gene, hat mir mal irgendwer gesagt, wahrscheinlich Dr. John Trump, mein brillanter Onkel am Massachusetts Institute of Technology, sind wie Computerchips, mit denen man so etwas wie eine geistige Bluetooth-Verbindung zu seinen Kindern hat, so eine Art Fernbedienung, mit der man sie kontrollieren kann. Damit gehören einem Kinder und Enkelkinder, so, wie einem Häuser gehören. Das ist echt beruhigend und wahrscheinlich der Grund, wieso man sie liebt.

Aber zurück zum Vertrauen. Ich habe dem drittklassigen Clown vertraut, der meine erste phänomenale Bestseller-Autobiografie *Trump – die Kunst des Erfolges* „geschrieben" hat, und habe ihm viele Millionen Dollar gezahlt, aber dreißig Jahre später – in der Zwischenzeit hat man nichts von ihm gehört – hat er mich verraten. Als er gesehen hat, dass ich Präsident werden will. „Er ist ein Judas", haben viele meiner christlichen Unterstützer gesagt, aber „Judas" finde ich ein bisschen heftig. Manche von meinen Unterstützern sagen das oft über Leute, die mir geschadet haben – sogar über Leute wie McCain, der Protestant ist, und Paul Ryan, der katholisch ist –, und ich frage mich immer, ob sich mein jüdischer Schwiegersohn dann angegriffen fühlt oder Ivanka, die ja jetzt eigentlich auch eine von denen ist. Ich habe Steve Bannon, meinen Wahlkampfleiter und Chefstrategen Nummer eins im

WEM KÖNNEN WIR KOMPLETT VERTRAUEN? DER FAMILIE. UND DAMIT MEINE ICH KINDER – VIELLEICHT AUCH NOCH ENKELKINDER, MEIN ÄLTESTER ENKEL IST ZEHN, DAS KANN ICH ALSO NOCH NICHT GENAU SAGEN –, ABER KEINE FRAUEN ODER ADOPTIVKINDER, SORRY, ABER NICHT DIE GLEICHEN GENE.

Weißen Haus, gefragt, ob er die nicht bitten kann, den „Judas"-Kram ein bisschen zurückzufahren. Nicht gut.

Alle dachten, sie könnten mich überzeugen, die Sache mit dem Buch fallenzulassen. Würde nicht klappen. Unmöglich. Ich hätte zu viel anderes Zeug um die Ohren, Amerika wieder groß machen und so. Wobei sich alle einig waren, dass ich Amerika schon seit Jahren in so vielen Punkten groß mache, auf leise und manchmal anonyme Art.

„Warte damit, bis du nicht mehr Präsident bist, Daddy", sagte Ivanka, „dann kannst du über Ryan und Merkel und die Clintons und die ganzen anderen sagen, was du willst, und bekommst sogar noch mehr Geld dafür."

„Für dich immer noch Mr. President Daddy", antwortete ich wie immer mit ein bisschen Humor, „aber rechne mal nach, Baby. Nach acht Jahren im Amt werde ich fast achtzig sein. Ich weiß, es heißt, Achtzig wäre das neue Vierzig, aber ich will nicht so lange damit warten, die wahre Geschichte zu erzählen." Und länger werde ich wahrscheinlich auch nicht im Amt bleiben wollen, wobei Jared meint, Mike Bloomberg hätte in New York an ein paar Schrauben gedreht, um vier Jahre länger Bürgermeister bleiben zu können. Und ein Freund hat mir erzählt, ein europäischer Freund von ihm, der Präsident von Weißrussland – das ist ein echtes Land in Europa –, hätte dasselbe gemacht und wäre jetzt schon seit zweiundzwanzig Jahren Präsident und kein Ende in Sicht. Es ist also alles drin. Und schließlich ist es meine Spezialität, das Unmögliche möglich zu machen. Dann wäre ich seit einem Jahrhundert oder so, seit Franklin D. Roosevelt, der erste US-Präsident mit mehr als zwei Amtszeiten. Das wäre was ganz Besonderes.

Wenn man mir sagt, ich könnte irgendwas nicht, dann mache

Ein paar frühere Trump-Bücher, alles Mega-Bestseller, obwohl ich sie nicht „geschrieben“ habe.

ich es erst recht! Wie mir mein Onkel am MIT, Dr. John Trump, PhD, erklärt hat: „Jede Aktion erzeugt eine viel, viel größere Gegenreaktion.“ Deswegen habe ich beschlossen, dass ich dieses Buch wirklich selbst schreiben muss. Ich muss meinen eigenen Weg gehen. My way!

Das ist übrigens mein Lieblingslied: *My Way.*

Sekunde mal, bevor ich's vergesse.

SPRACHMEMO: *To-do-Liste des Präsidenten*
Lieder schreiben, Texte, keine Musik, und von Ted Nugent, Meat Loaf, dieser kleinen Jackie von der Amtseinführung, Kanye und so weiter aufnehmen lassen.

Okay, da bin ich wieder. Ich spreche dieses Buch tatsächlich direkt in mein Telefon. Ich rede, ich kreiere, es schreibt, reden ist heutzutage schreiben, das ist so toll. Und das Schöne ist, der Computer in meinem Telefon muss keine Sicherheitsüberprüfung durchlaufen und wird mir nichts in den Mund legen, was ich so nie sagen würde, oder mich hintergehen oder kündigen wie diese Ghostwriter. Das Telefon gehört mir.

Mein brillanter zehnjähriger Sohn hat mir gezeigt, wie ich einen Knopf auf dem Display drücken kann, um alles aufzunehmen, was ich sage, sogar wenn das Telefon in meiner Tasche steckt, und wie ich diese Aufnahmen später in Wörter verwandeln kann. Der Leser wird also direkt bei mir sein, egal wo ich als Präsident Donald Trump auch bin – im Oval Office, bei Auslandsbesuchen, in den unterirdischen Kommandozentralen. Ich werde meinen Insiderbericht „in Echtzeit" aufnehmen, wie Jared immer sagt, und das gefällt mir, weil Echtzeit das Gegenteil von Fake-Zeit ist. „Du könntest im Präsens erzählen", hat er zu mir gesagt, „das macht es für die Leser aufregender." „Ja", habe ich geantwortet, „ganz genau." Denn ich wusste, mit „Präsens" sind Wörter gemeint, die ein Ereignis oder einen Zustand in der Gegenwart beschreiben und sich auf das beziehen, was zum Zeitpunkt des Schreib- oder Sprechvorgangs gegeben ist. Zum Beispiel: „Ich *spreche* in meinem großartigen Apartment an der Spitze des Trump Towers in mein Telefon, und die Leute da unten auf der Straße sehen noch kleiner aus als Ameisen, eher so wie Zecken oder Läuse", oder: „Es *ist* so fantastisch, zum Präsidenten der Vereinigten Staaten gewählt worden zu sein."

ICH WERDE MEINEN INSIDERBERICHT „IN ECHTZEIT" AUFNEHMEN, WIE JARED IMMER SAGT, UND DAS GEFÄLLT MIR, WEIL ECHTZEIT DAS GEGENTEIL VON FAKE-ZEIT IST.

Dass ich mein Präsidentenbuch sprechend schreiben kann, macht das Ganze überhaupt erst möglich, aber wenn ich ehrlich bin – was ich immer bin –, war die Vorstellung, das ganze Buch allein zu machen, zuerst … hat sie mich … kam sie mir vor wie … ach, wie heißt denn dieses Wort, das die ganzen Heuchler immer benutzen? Dieses verlogene positive Wort, wenn sie nicht zugeben wollen, dass sie Angst haben oder sich für zu blöd halten – okay … noch mal: Ein Buch ganz allein zu schreiben, kam mir wie eine große Herausforderung vor.

Ich habe mir von einem meiner Mädchen ein paar von den zuletzt erschienenen Präsidenten-Memoiren bringen lassen. Die sind unfassbar lang und wahrscheinlich auch unfassbar langweilig, wenn man sie liest, was in dem Fall wohl eh keiner macht. Mein hochintelligenter jüngster Sohn Barron hat mal nachgerechnet – Bill Clintons Buch hat ungefähr vierhunderttausend Wörter, und sogar das von George W. Bush hat zweihunderttausend. Entschuldigt mal! Was wollen die beweisen? Das zeigt doch bloß, dass diese beiden Typen überhaupt keinen Geschäftssinn haben, weil man von den Verlagen keinen Cent mehr bekommt, bloß weil man viel auf einmal schreibt. Die bezahlen einen pro Buch, also macht euch schon mal für die Fortsetzung bereit!

Ich wäre doch kein „professioneller Schriftsteller", hat mir jemand aus meiner Familie vorgeworfen. „Ach", habe ich ihr geantwortet, „dann bist du wohl hier die Expertin dafür, was jemanden zum Profi macht oder nicht, aber ich war ja auch kein Fernsehprofi, bis ich beschlossen habe, einer der erfolgreichsten aller Zeiten zu werden, oder? Ich war kein Profipolitiker, bis ich beschlossen habe, der erfolgreichste aller Zeiten zu werden. Aber dann hat Barron, der nicht nur mein jüngster, sondern ehrlich gesagt wahrscheinlich auch mein klügster Sohn ist, weiter gerechnet: Ich habe schon über dreißigtausend Tweets geschrieben, und jeder Tweet besteht aus ungefähr fünfundzwanzig Wörtern, das sind also ungefähr eine Million Wörter in den letzten paar Jahren.

Ich bin in Wirklichkeit also ein sehr, sehr erfolgreicher Autor mit Millionen von Lesern und jahrelanger Erfahrung. Jared meint, er hätte da wen an der Hand – einen von den europäischen Typen, die beim Wahlkampf so tolle Internetarbeit für uns gemacht haben –, der mir eine „App“ basteln könnte, die automatisch die meisten Ausrufezeichen, mit denen ich meine Tweets gerne würze, in normale Punkte verwandelt. „Okay“, habe ich gesagt, „aber dann will ich auch eine App, mit der ich jedes Wort, was ich sage, zu Großbuchstaben machen kann, indem ich bloß dran denke.“ Ich wette, das Pentagon hat so was.

Wenn ich fertig bin, bieten wir dieses Buch allen Verlagen an. Wissen die Leute eigentlich, dass die meisten jetzt in ausländischer Hand sind? Was sehr, sehr interessant ist. Jedenfalls liegt mein Mindestpreis bei 65 Millionen Dollar, weil Barack und Michelle so viel für ihre beiden Bücher bekommen haben. Und übrigens erscheint dieses Buch, also mein Buch, das Trump-Buch, noch vor ihren Büchern, obwohl Obama vor mir Präsident war. Die First Lady schneidet bei den Beliebtheitsumfragen noch besser ab als ich, absurd gut – sie wird wahrscheinlich wegen ihrem hübschen Lächeln geschont –, aber ehrlich gesagt kann ich mir nicht vorstellen, dass ein Verlag besonders viel für ein Buch von ihr zahlen würde. Das sage ich nicht bloß wegen ihrem komischen Englisch oder weil sie nicht so wütend ist wie Michelle und zu allem Möglichen eine Meinung hat. Die Amerikaner lieben Melania, weil sie wirklich sehr schön ist, weil sie mit mir zusammen ist und vor allem weil sie nicht viel redet. Wieso sollten sie also ein Buch von ihr lesen wollen?

Millionen von Menschen kaufen dieses Buch aus dem gleichen Grund, wieso die Leute mich gewählt haben, und aus dem gleichen Grund, wieso sogar die Hater nicht aufhören können, über mich zu reden. Weil ich kein Heuchler bin. Ich bin so ehrlich, wie es noch keiner in diesem Amt gewesen ist.

DIE AMERIKANER LIEBEN MELANIA, WEIL SIE WIRKLICH SEHR SCHÖN IST, WEIL SIE MIT MIR ZUSAMMEN IST UND VOR ALLEM WEIL SIE NICHT VIEL REDET.

Ich verspreche, dass alles in diesem Buch zu einhundert Prozent wahr ist. Alles davon. Manche behaupten schon, es könnte vielleicht das wahrste Buch sein, das je geschrieben wurde. Es ist der unautorisierte, unzensierte Insiderbericht über mich von mir selbst – von meinem Hirn direkt an das Gehirn der Leser, der Technik sei Dank. Es ist, als würde man miteinander rummachen, und ich würde die Informationen und Gedankenströme direkt in die Leser reinspritzen. (Gut, falls der Leser ein Mann ist, ist es wohl eher, als würden wir in einem Science-Fiction-Film miteinander verschmelzen und eine gemeinsame Macht spüren, so wie wenn Obi-Wan Kenobi direkt aus dem Himmel mit Luke Skywalker spricht.) Ich werde Sachen erzählen, die ich als Präsident eigentlich nicht erzählen sollte, weder in meinen Reden noch auf den Pressekonferenzen oder sogar auf Twitter – aber hier kann ich das, weil ich nicht als der Präsident schreibe, sondern als Donald Trump, ein einfacher amerikanischer Staatsbürger, der zufällig Präsident ist. Also gilt: Meinungsfreiheit, 1. Zusatzartikel zur Verfassung, komplett ehrlich, ohne Abstriche, die ganze Wahrheit und nichts als die Wahrheit.

KAPITEL 3 ★ ★ ★ ★ ★ ★ ★ ★ ★ ★ ★ ★ ★

AMERIKANISCHE GESCHICHTE

Ich wachte im Morgengrauen auf, wie immer. Aber wo war ich? Keine Monogramme, keine goldenen Ts, weder auf den Laken noch sonst wo.

Dann fiel es mir wieder ein: Es war der 20. Januar. Ivanka und Jared hatten mich überredet, der „Tradition" zu folgen, was hieß, dass ich nicht im Trump Townhouse im Trump International Hotel schlafen konnte, der größten Hotelsuite von Washington und wahrscheinlich ganz Amerika, 585 Quadratmeter mit eigenem Eingang und einem Bad mit sechs Armaturen inklusive Dampfbad. Nein, ich war im Blair House hinter dem Weißen Haus. Meine wunderschöne Frau, die designierte First Lady, und ich waren also in Obamas Gästehaus, sozusagen der Sklavenbaracke des Weißen Hauses. Kaum zu glauben, oder?

Es war mein letzter Morgen als Privatmann Donald Trump – gut, ein unfassbar reicher Privatmann, der das größte und tollste Business der ganzen Welt aufgebaut hatte, ein Privatmann, der laut der Analyse von irgendeinem Professor schon berühmter war als jemals sonst irgendwer auf der Welt. Aber trotzdem wusste ich, dass sich mein Leben ändern würde, wenn ich zu Donald Trump, Präsident der Vereinigten Staaten von Amerika, Oberbefehlshaber der bewaffneten Streitkräfte und Führer der Freien Welt, wurde, wobei das Letzte davon angeblich kein offizieller Titel mehr ist. Ich fühlte mich so, wie man sich direkt vor seiner ersten Hochzeit fühlt: Du musst dich vor eine große Menge stellen, die meisten von den Leuten kennen dich nicht wirklich, du musst irgendwelche alten Wörter sagen und Versprechen abgeben, an die du nur glaubst, wenn du sie zu einem Priester oder Richter oder so sagen musst. Nur dass das Präsidentenamt wahrscheinlich länger dauert als eine Ehe, es sei denn, du heiratest jemanden, der extrem reich ist oder berühmte Eltern hat wie Jackie Kennedy Onassis, die übrigens in den 70ern mal mit mir ausgehen wollte, aber da war sie schon fünfzig.

UM DIE MITTAGSZEIT HERUM WÜRDE ICH OFFIZIELL MIT JOHN F. KENNEDY, RONALD REAGAN, THOMAS JEFFERSON, ABE LINCOLN UND ALLEN ROOSEVELTS IN EINER REIHE STEHEN – VIELLEICHT SOGAR ÜBER IHNEN.

Um die Mittagszeit herum würde ich offiziell mit John F. Kennedy, Ronald Reagan, Thomas Jefferson, Abe Lincoln und allen Roosevelts in einer Reihe stehen – vielleicht sogar über ihnen. (Reagan habe ich übrigens gekannt, ich habe mich im Weißen Haus mit ihm beraten. Es heißt, er hätte im Gespür gehabt, dass ich eines Tages sein Nachfolger werde. Gratuliere, Präsident Reagan, und gern geschehen – auch wenn du damals schon leicht dement warst, habe ich bewiesen, dass du recht hattest!) Ich habe nie begriffen, was die Leute meinen, wenn sie nach einem großen Sieg sagen: ‚Oh, es erfüllt mich mit Demut und so weiter.‘ Solche Heuchler, denke ich dann immer. Aber jetzt muss ich zugeben, obwohl ich es noch nicht wirklich verstehe, dass ich so was am Tag meiner Amtseinführung vielleicht gefühlt habe. Ich fühlte mich nämlich groß, sehr, sehr groß, wie der Größte aller Zeiten.

Natürlich lagen zwei anstrengende Jahre als Präsidentschaftskandidat hinter mir, aber auch, ob man es glaubt oder nicht, zwei sehr anstrengende Monate als designierter Präsident. Seit der Wahl hatte ich ein paar echt tolle Tage gehabt, aber nur ein paar. Zum Beispiel diesen einen – ich glaube, es war ein Dienstag … Moment mal, ich lasse eins von den Mädchen nachgucken. Ich will präzise sein. Es geht hier um amerikanische Geschichte.

★ ★ ★ ★ ★ ★ ★ ★ ★ ★ ★ ★ ★

Ich bin wieder da. Der nächste Teil ist also so was wie ein Rückblick, okay?

Es ist der 19. Dezember 2016, ein Montagmorgen, die ganze Fifth Avenue weihnachtlich geschmückt. Ich bin in meiner unglaublichen Penthouse-Wohnung im 66. Stock des Trump Towers in Manhattan – das heißt, eigentlich sind es der 66., 67. und 68. Stock: eine Etage für mich, eine für meine wunderschöne Frau und eine für unseren Sohn, der wohl mein letztes Kind ist, was mich fast so traurig macht, als wäre jemand gestorben.

Legendär ist der Trump Tower, weil dort Menschen und Institutionen wie Donald Trump, die Trump Organization, Donald J. Trump for President, Inc. und so weiter ihren Hauptsitz haben. Aber auch, weil Johnny Carson und Liberace dort gewohnt haben und Batman in *The Dark Knight Rises* sein Büro dort hatte, die Geschäftszentrale von Wayne Enterprises. Wenn ich so darüber nachdenke, widerlegt der Trump Tower eigentlich die ganzen schlimmen und unfairen Sachen, die die Leute so über mich erzählen: „Trump respektiert Frauen nicht"? Die allerersten Geschäfte im Trump Tower waren von Buccellati, toller Schmuck für Frauen, und Charles Jourdan, tolle Frauenschuhe. „Trump diskriminiert die Afroamerikaner"? Michael Jackson hat im 36. Stock gewohnt, in der gleichen Wohnung (viereinhalb Zimmer mit Bad) bringe ich meine eigenen Eltern unter. Und Baby Doc, Präsident von Haiti, ein Schwarzer, hatte eine hübsche Wohnung im 54. Stock. „Trump mag keine Latinos und spanischstämmigen Leute"? Dem Eigentümer von José Cuervo Tequila gehören drei Wohnungen! „Trump ist herzlos und begreift die Gefängnisreform nicht"? Im Trump Tower haben viele Kriminelle gewohnt, Leute, die ihre Schuld gegenüber der Gesellschaft und der Trump Organization verbüßt haben. Ein Pärchen hat sogar den vom Gericht verhängten Hausarrest in seiner Wohnung im Trump Tower abgesessen!

Also, jedenfalls bin ich designierter Präsident, es ist der 19. Dezember 2016, Weihnachtszeit, wunderschön und so weiter, und ich steige in meinen großen Privataufzug, begleitet von einem meiner Jungs vom Secret Service, dem Afroamerikaner, Anthony. In der Woche davor hatte ich Besuch von Kanye West, und ich hatte Anthony schon ein paarmal gefragt, was er dafür geben würde, mit Kim Kardashian „auszugehen". Mit einer wunderschönen Prominenten, meinte ich damit, nicht mit einer Weißen, ich bin nämlich wirklich der am wenigsten rassistische Mensch, den ich kenne, und außerdem würde ich nicht sagen, dass Kim wirklich als weiß durchgeht. Jedenfalls erzählte ich Anthony an diesem Morgen stattdessen, dass ich seit 1984 in der Wohnung lebe.

„Wow, Sir, fast dreiunddreißig Jahre in ein und derselben Wohnung."

„Und sie sieht noch genauso aus wie bei meinem Einzug – die

gleichen Möbel, der gleiche schöne Marmor, alles genau gleich, darum gefällt es mir da auch so gut. Beim Einzug war ich so alt wie Don Junior heute, und jetzt ist sein ältester Sohn so alt wie Barron, also ist es, als wären meine eigenen Kinder heute so alt wie ich. Verrückt, oder?“

„Ja, Sir, das ist schon außerordentlich.“

„‚Außerordentlich‘ – gutes Wort, Anthony, sehr sprachgewandt. Sehr niveauvoll.“

„Danke, Sir.“

„Ein langes Wort.“ Ich zählte. „Fünf Silben. So nennt man die Einzelteile von Wörtern. Ich war auf einer Elite-Uni, darum kenne ich fast alle Wörter bis auf ein paar von den wissenschaftlichen, auf jeden Fall alle wichtigen, aber diese ganzen Heuchler und Schwätzer, viele von denen benutzen ständig lange Wörter wie ‚außerordentlich‘, nur um intelligent und reich zu wirken. Nicht dass du ein Heuchler wärst, Anthony – ich meine, du siehst Obama ganz schön ähnlich, aber weißt du, im Gegensatz zu ihm mit seiner weißen Mutter warst du früher bestimmt krasser drauf, Gangster, Crack-Nutten und alles; hast Glück, dass du am Leben bist und einen guten Job bei der Regierung hast, was?“

SILBEN. SO NENNT MAN DIE EINZELTEILE VON WÖRTERN. ICH WAR AUF EINER ELITE-UNI, DARUM KENNE ICH FAST ALLE WÖRTER BIS AUF EIN PAAR VON DEN WISSENSCHAFTLICHEN, AUF JEDEN FALL ALLE WICHTIGEN.

Ich rede gern mit Afroamerikanern. Bei der Wahl habe ich bei denen extrem gut abgeschnitten, ungefähr hundertmal so gut wie von den Experten und Fake-Umfragen vorausgesagt. Darüber haben die Fake-Medien natürlich nicht berichtet. Kanye hat mir erzählt, er hätte fast so viele Follower wie ich, was ich nicht so richtig nachvollziehen kann, weil er fast nie twittert. Ich sage nicht, dass er faul ist. Aber vielleicht ist das afroamerikanische Publikum weniger anspruchsvoll als meine eigenen Follower.

Anthony und ich gingen zusammen in mein Büro im 25. Stock. Es war der Tag von meinem gewaltigen Erdrutschsieg im Wahlmännergremium, der Wahl, die eigentlich zählt und einen zum Präsidenten macht. Was toll war, weil ich in dieser Wahl hundert Stimmen mehr bekam, über hundert mehr, als irgendwer für möglich gehalten hatte. Alle wissen, dass ich auch die meisten Wählerstimmen gekriegt habe, auch wenn die Zahl der Wählerstimmen bloß das ist, was wir Geschäftsleute eine reine „Absatzzahl" nennen, und die sagt eigentlich gar nicht so viel aus. Kellyanne Conway, meine erste Präsidentschaftsberaterin, hat mir erzählt, dass in diesem Jahrhundert fast die Hälfte von den gewählten Präsidenten bei den Wählerstimmen nicht vorn lag. Was die meisten gar nicht wissen. Viele meiner Spitzenleute sagen, dass die Wahl eigentlich eher eine Art Probeumfrage ist. Darum gibt es auch noch das Wahlmännergremium, das die echte Entscheidung trifft und dabei die ganzen Loser und Deppen und Betrüger aussortiert – Leute, die zum Beispiel Tequila und Essensmarken verteilt haben, um Leute zum Wählen zu kriegen, die gar nicht wählen durften.

Aber das Tolle daran, also der richtig fantastische Teil war, dass der Sieg mir das Gefühl gab, dass ich wirklich etwas Bedeutendes erreicht hatte. Nach der Wahl versuchten die Demokraten weiter gegen mich Stimmung zu machen, übten Druck auf die Leute im Wahlausschuss aus, damit die mich hintergehen, die Tradition verraten und das Gesetz brechen. Aber statt sich gegen mich zu stellen, weigerte sich fast das ganze Gremium, für Hillary zu stimmen. Das stimmt, kann man im Internet nachgucken, denn sogar die Mainstream-Medien mussten darüber schreiben, weil es so großartig war. Und die unfairen Tricks, mit denen Hillary mich stoppen wollte? Die haben stattdessen der fiesen, schwachen, betrügerischen Hillary selbst geschadet. Für mich war das wie bei den Terroristen, die Bomben basteln und sich dann aus Versehen selbst in die Luft jagen. Das erinnert mich jedes Mal daran, dass Gott alles unter Kontrolle hat.

WIE BEI DEN TERRORISTEN, DIE BOMBEN BASTELN UND SICH DANN AUS VERSEHEN SELBST IN DIE LUFT JAGEN.

Ich weiß noch, wie ich mich gefreut habe, als Kellyanne am 19. Dezember in den Trump Tower gerauscht kam, um mir von den Hillary-Überläufern zu erzählen. So glücklich war ich seit dem Wahlabend nicht mehr gewesen. In dem Moment erinnerte mich Hillary noch mehr an eine zusammengeschrumpelte, sterbende Hexe als am 9. November, als sie von mir zerquetscht wurde und sich ihre Beine in ihrem Hosenanzug hochrollten wie im *Zauberer von Oz*. Jetzt war es, als würde das ganze amerikanische Volk auf sie spucken oder was noch Ekligeres machen – ihr Untergang. Ich fragte alle: „Meint ihr, Hillary weint jetzt gerade echte Tränen?" Da lachten sie noch lauter, alle bis auf Jared, der zwar so lächelt, dass es ehrlich aussieht, aber nie wirklich lacht, was mich echt beeindruckt. Mein „Stabschef" Reince Preibus meinte, er würde herauszufinden versuchen, ob Hillary wirklich geweint hat, als sie die Nachricht bekam. Es war wie ein wunderschönes, kostbares Geschenk. „Frohe Weihnachten!", sagte ich. Alle lachten. „Und frohes Chanukka, Jared", fügte ich mit einem Augenzwinkern hinzu, wie ich es immer mache.

KAPITEL 4 ★ ★ ★ ★ ★ ★ ★ ★ ★ ★ ★ ★ ★

SIEGER UND GEWINNER

Der andere große Tag zwischen der Wahl und der Amtseinführung war der 6. Januar, ein Freitag. Nach dem Aufwachen sagte ich „Thank God it's Friday" wie jeden Freitag, seit ich sieben war – wobei mein Vater es memmenhaft fand und wollte, dass ich es lasse, also habe ich es jahrelang eigentlich nur stumm vor mich hingesagt.

Ich bekam gleich morgens eine wichtige, aber auch lustige Nachricht. Ich erfuhr, dass nur fünf Millionen Amerikaner, sogar weniger als fünf Millionen, die zweite Folge von *The New Celebrity Apprentice* mit Arnold Schwarzenegger gesehen hatten, der übrigens nicht Präsident werden kann, weil er und seine Eltern im Ausland geboren sind. „Fünf Millionen Zuschauer", sagte ich zu Reince, als ich unten im Büro war, „das sind wahrscheinlich die fünf Millionen illegalen Einwanderer, die für Hillary gestimmt haben." Er gluckste, was mich ärgerte. „Ich meine es ernst, Reince." Dann erhielt ich weitere Nachrichten – geheimer Regierungskram – darüber, dass die Demokraten zugelassen hatten, dass sich irgendwer in ihre ungeschützten Computer „gehackt" hatte; die ganzen E-Mails, in denen sich Hillarys Mitarbeiter über sie beschwerten und von denen die Geheimdienste behaupteten, sie hätten die Wahlergebnisse in keinster Weise beeinflusst, was mich ehrlich gesagt überraschte, aber gut, egal. Und jemand erzählte mir, das FBI würde gegen meinen Nationalen Sicherheitsberater Mike Flynn ermitteln, der als „Lobbyist" für die Türkei tätig gewesen wäre – aber doch nur, weil es unter Obama verboten war, als Privatmann Geld zu verdienen! Ein geschäftiger Morgen also.

Es war auch der Tag, an dem die Kongressmitglieder – die sich alle in einem großen Raum, der Congress Hall, versammelt hatten – Hunderte von Wahlmännerstimmen einzeln auszählten und mir meinen historischen Sieg offiziell bescheinigten. Damit war er wirklich echt, „unwiderruflich", wie irgendwer sagte, oder, wie ich es mir vorstellte: so, wie wenn ein Deal unter Dach und Fach ist und ihn mir keiner mehr wegnehmen kann, egal was passiert. Ich hatte dem Sprecher des Weißen Hauses Paul Ryan gesagt, dass ich wirklich hoffte, er würde während der Zeremonie aufstehen, um Ruhe bitten und verkünden, dass fünf von den sieben Wahlmännern, die sich gegen den Kandidaten aus dem eigenen Lager gestellt hatten, gegen Hillary gestimmt hatten, was wohl so noch nie vorgekommen ist – aber das wäre angeblich ein „Protokollverstoß" gewesen. Er meinte, er hätte Angst, ein paar von seinen Leuten aus dem Weißen Haus könnten dann anfangen zu schreien: „Sperrt sie ein!" Und ich sagte: „Wieso ‚Angst'?"

Am Nachmittag kriegte ich noch eine Nachricht, die Persönliches und Präsidentielles verband, was die allerbeste Art von Nachricht ist, wie ich festgestellt habe. „Ganzheitlich" nennt Ivanka so was. Wir hatten für den Schwiegeronkel von meinem Anwalt – erfolgreicher Geschäftsmann, handelt mit Kunst, Immobilien, Getreide, gut vernetzt, kein Russe, Ukrainer, das heißt, ehemaliger Ukrainer, amerikanischer Staatsbürger, hat eine Eigentumswohnung in unserem schönen Trump-Hollywood-Hochhaus, zweihundert Wohnungen direkt am Ozean, Ivan oder Alex, oder wie er heißt – jedenfalls haben wir für ihn einen Deal eingetütet: Er kann noch am selben Tag anfangen, einen fabelhaften Friedensplan mit zu entwickeln. Einen Friedensplan, wie man ihn seit dem Zweiten Weltkrieg nicht gesehen hat. Einzelheiten kann ich nicht verraten, weil er noch streng geheim ist. Das heißt, weil ich damals am 6. Januar noch nicht Präsident war, dürfte ich es sogar, aber ich sollte wohl besser nicht. Vielleicht in einem späteren Kapitel. Und weil ich damals noch nicht wirklich Präsident war, erstellte ich diesen Friedensplan quasi umsonst, als Geschenk für das amerikanische Volk.

UND WEIL ICH DAMALS NOCH NICHT WIRKLICH PRÄSIDENT WAR, ERSTELLTE ICH DIESEN FRIEDENSPLAN QUASI UMSONST, ALS GESCHENK FÜR DAS AMERIKANISCHE VOLK.

Übrigens, noch was – selbst wenn ich damals Präsident gewesen wäre und irgendwann bei irgendeinem großartigen Deal mit Europa – Gas oder Öl oder was weiß ich – 10 Milliarden oder 100 Milliarden Dollar gemacht hätte, wäre das überhaupt kein Problem gewesen, weil es für einen Präsidenten laut Verfassung keinerlei Interessenkonflikte geben kann. Was überraschend ist, aber so was von toll, weil man als Präsident schon genug um die Ohren hat, ohne sich über solche Formalitäten den Kopf zerbrechen zu müssen. Das sind solche wenig bekannten, aber echt fantastischen Sachen, die mir wirklich großen Respekt vor unseren brillanten Gründern einflößen und mich so stolz machen, Amerikaner zu sein.

★ ★ ★ ★ ★ ★ ★ ★ ★ ★ ★ ★ ★

Das waren die beiden echt spitzenmäßigen Tage zwischen dem 9. November und dem 20. Januar, die einzigen zwei von hundert oder so. Ich hatte gedacht, die beiden Monate als designierter Präsident würden zu meinen besten Monaten aller Zeiten gehören – immerhin habe ich gesiegt. Millionen von Menschen sind wegen mir aus dem Häuschen, Millionen von Menschen haben Angst vor mir, und ich habe endlich Ferien, dachte ich. Aber ehrlich gesagt gehörten diese beiden Monate zu den langweiligsten in meinem Leben. Ich muss sogar sagen, dass eine der großen Herausforderungen der Präsidentschaft, über die noch nie jemand gesprochen hat, von der überhaupt niemand gewusst hat, nicht mal die Historiker – jedenfalls bis jetzt, weil ich nämlich komplett offen und ehrlich bin –, darin besteht, die Langeweile auszuhalten. Denn manchmal ist der Job nicht einfach bloß langweilig, weil man mit irgendeinem Typen aus South Dakota sprechen muss, der sich als Landwirtschaftsminister bewirbt, sondern auch wegen der ganzen komplizierten Erklärungen, die man sich anhören muss, unfassbar kompliziertes Zeug – Mathe, Geschichte, Jura und so weiter. Ich meine, ich bin ein kluger Kopf, habe in Wharton als einer der Jahrgangsbesten abgeschnitten, war super in Buchführung, in Mathe, aber man kann sich gar nicht vorstellen, wie das langweilt. Und so viele lange Sitzungen, in denen man diesen Klugscheißern zuhören muss, den Strebern und Fachidioten und selbsternannten Experten. Ich war nie ein großer Freund von Sitzungen oder „Experten“. Ich gebe mein Bestes, um die Präsidentschaft so aufregend zu machen, wie sie es sein sollte, aber da muss man ganz schön Arbeit reinstecken, auch wenn man Trump ist.

Ich habe aber erst mal ein fantastisches Kabinett zusammengestellt, wahrscheinlich das beste in der amerikanischen Geschichte und ganz sicher das beste, seit wir nicht mehr von England abhängig sind. Aber das war eine Aufgabe, die ich keinem an den Hals wünschen würde. Ich habe unfassbar viele Einstellungsgespräche geführt, mindestens hundert, vielleicht auch tausend, wirklich unglaublich viele. Die Zusammenstellung des Kabinetts war wie die Auswahl der Kandidaten für *The Apprentice* und *The Celebrity Apprentice*, die erfolgreichste Show des 21. Jahrhunderts auf NBC, aber sie dauerte bloß zwei Monate und nicht fünfzehn Jahre. Und bei *The Apprentice* waren immerhin haufenweise sehr attraktive Frauen dabei. Fürs Protokoll: Bis zum Ende der zweiten Staffel war ich ledig. Und im Gegensatz zu den Shows bekam ich bis zum 20. Januar 2017 nicht mal Geld dafür! Ich habe komplett pro bono gearbeitet, wie der Franzose sagt. Genauso wie Jared, der in diesen zwei Monaten neben anderen hochbedeutenden Dingen, die Amerika wieder groß machen werden, an sehr wichtigen und sehr geheimen Absprachen mit ein paar internationalen Schwergewichten gearbeitet hat, um Syrien den Frieden zu bringen.

Ich fand es immer wichtig, die Leute persönlich zu treffen, die sich einen Arm abhacken würden, um für mich arbeiten zu dürfen – Auge in Auge, von Angesicht zu Angesicht, ihnen ein bisschen auf den Zahn fühlen, sie beschnuppern. Und „beschnuppern" meine ich wörtlich. Als ich zum Beispiel Steve Bannon 2011 zum ersten Mal getroffen habe, dachte ich: „Was ist das denn? Khakihosen, keine Krawatte, dicker Bauch und schlechte Haut?" Aber dann habe ich einen Hauch von Steves Duft abbekommen, von diesem gewissen Aroma, das Sieger haben. Es ist schwer zu beschreiben, und andere Leute können es nicht riechen, aber es ist eine Mischung aus Pfefferminz, Leder und Kabelbrand oder Butangas, aber angenehmer, mehr wie der Geruch von Klimaanlagen. Wenn man an Superkräfte glaubt, und ich habe festgestellt, dass das viele tun – die Christen, die Neocharismatiker (die muss man einfach lieben, die Neocharismatiker) –, dann ist das Erschnüffeln von Siegern eine von meinen Superkräften. Wobei mir einfällt: Manchmal habe ich fast das Gefühl, als könnte Steve meine Gedanken lesen, so wie meine Mutter immer schon vorher wusste, wenn mir mein Vater eine runterhauen wollte. Manchmal versuche ich einen komplizierten Gedanken in Worte zu fassen, und auf einmal spricht Steve genau das aus, was ich denke. Einmal saßen wir abends allein im Weißen Haus, und er machte eine Bemerkung von Mann zu Mann über Hope Hicks, meine fantastische achtundzwanzigjährige PR-Frau (sehr hübsch, wirklich loyal, tratscht nicht) – er kam mir dabei fast vor wie eine von diesen magischen Bauchrednerpuppen aus *Twilight Zone*.

WENN MAN AN SUPERKRÄFTE GLAUBT, UND ICH HABE FESTGESTELLT, DASS DAS VIELE TUN – DIE CHRISTEN, DIE NEOCHARISMATIKER (DIE MUSS MAN EINFACH LIEBEN, DIE NEOCHARISMATIKER) –, DANN IST DAS ERSCHNÜFFELN VON SIEGERN EINE VON MEINEN SUPERKRÄFTEN.

Ich weiß nicht, ob allen klar ist, dass es ungefähr fünfundzwanzig einzelne Kabinettsmitglieder gibt plus fünfzehn oder zwanzig weitere Stellen „auf Kabinettsebene“, die mit vielen von meinen fantastischen Frauen besetzt sind wie zum Beispiel Mrs. Mitch McConnell, die außerdem aus China kommt, was toll ist. (Ich meine, sogar Reince Priebus hat im Prinzip einen Posten auf Kabinettsebene. Ich muss immer grinsen, wenn's mir wieder einfällt, aber schön für Reince. Ach ja, und Reince Priebus muss vom Secret Service geschützt werden? Als ich das zum ersten Mal gehört habe, dachte ich, die wollen mich verarschen. Und überhaupt: Reince, schräger Name, oder? Man muss so ein komisches Fischmaul machen, um ihn überhaupt aussprechen zu können. Und

Priebus ist auch nicht viel besser – er schwört, es wäre ein deutscher Name, aber ich bin mir da nicht so sicher. Ich kenne mich nämlich bestens mit deutschen Namen aus, und den habe ich noch nie gehört.) Und da sind die Kandidaten fürs Verfassungsgericht noch gar nicht mitgezählt, die ich alle im Trump Tower getroffen habe, die aber allesamt reingeschmuggelt wurden, zum Teil in Verkleidung, glaube ich, einer sogar als Frau getarnt.

Diese ganzen Gespräche waren jedenfalls Schwerstarbeit, die meisten davon mit Leuten, mit denen ich sonst nie mehr als neunzig Sekunden am Stück verbracht hätte. Dafür sind die Büros und Konferenzräume im 26. Stock vom Tower mit den allerbesten Kameras bestückt, und darum haben wir jetzt fantastische HD-Videos von meinen ganzen Gesprächen aus der Schlussrunde für das Kabinett, das Verfassungsgericht, die Botschaften und alles. Plus die Telefongespräche mit den Verlierern, die ich persönlich angerufen habe. Wirklich fantastisches Zeug, dramatisch, lustig und historisch. Und teilweise richtig rührend. Chris Christie kriegte von Bannon die Nachricht, dass er nicht bei der Übergangsregierung dabei sein würde, und wir haben so eine großartige Nahaufnahme von Chris, wie er sich mit seiner Krawatte die Tränen aus dem Gesicht wischt. Als ich später das Kabinett zusammenstellte, rief ich Chris noch mal an – er war für keinen von den Jobs geeignet –, und auf dieser Aufnahme kann man ihn schluchzen hören. „Ach komm, Chrissy", sagte ich, „die OP hat doch schon was gebracht, und wenn wir dich auf 115, vielleicht 100 runterkriegen, dann können wir auf jeden Fall mal schauen, ob sich später irgendwann mal was auftut." (Seitdem schickt er mir immer eine SMS, wenn er wieder ein paar Kilo verloren hat. Süß.)

Von Mitt Romneys Vorstellungsgespräch für den Posten des Außenministers gibt es leider nur eine Tonaufnahme, weil ich das öffentlich geführt habe, damit es die ganze Welt sehen konnte. Es heißt, kein designierter Präsident hätte je so offen agiert. Das Treffen fand im Jean-Georges statt, dem vielleicht, nein höchstwahrscheinlich weltbesten Restaurant in meinem Trump International Hotel mit Blick auf den Central Park und einer schönen, riesigen silbernen Erdkugel draußen vor der Tür, internationale Küche, der Chefkoch hat einen französischen Vornamen und einen deutschen Nachnamen, der perfekte Ort, um über den Posten des Außenministers zu reden. Meine Idee.

Es war um Thanksgiving herum, was bei den Mormonen scheinbar kein religiöser Feiertag ist. In erster Linie wollte ich Mitt einen Gefallen tun und ihm die Gelegenheit geben, sich für das zu entschuldigen, was er ein paar Monate vorher gesagt hatte – dass „Unaufrichtigkeit Donald Trumps Markenzeichen" wäre, dass ich ein „Hochstapler" wäre, bei dem sich alles nur darum dreht, „andere herumzuschubsen, um Gier, Protzerei, Misogynie und die absurde Theatralik eines Drittklässlers". Ich muss sagen, ich hatte wirklich meine Zweifel bei einem, der so daherredet – „Misogynie", „absurde Theatralik", also bitte. Und würden wir ernsthaft jemanden wollen, der erst so einen Schwachsinn von sich gibt und dann angekrochen kommt, um einen Posten zu kriegen, der noch nicht mal besonders viel Macht mit sich bringt?

Ich weiß, Mitt sieht aus wie der klassische Sieger, aber er riecht einfach nicht wie einer. Bei gewissen Mitgliedern meiner eigenen Familie ist es ehrlich gesagt ähnlich. Übrigens trank Mitt direkt vor dem Essen eine Coke light, was mich überraschte. Weil ich weiß, dass das bei den Mormonen als Sünde gilt. Außerdem weigerte er sich nach dem Abendessen auf der Herrentoilette – ganz prachtvolle Toiletten übrigens im Jean-Georges – zuerst, sich im Armdrücken mit mir zu messen, und dann brachte er mit seinem

Strahl nicht mal das Porzellan zum Klingen. (Genauso wenig wie Anthony, mein afroamerikanischer Secret-Service-Mann.) Ein wissenschaftlich belegtes Anzeichen von Schwäche.

„Nicht gut", sagte ich auf der Rückfahrt zum Trump Tower zu Reince. „Er ist kein Siegertyp. Aber ehrlich gesagt, gefällt mir Mitts Aussehen richtig, richtig gut. Wer sieht schon so aus und ist gleichzeitig auch noch echt tough und hat dazu noch einen festen Strahl?" Reince sprach Bob Corker an, diesen Senator aus Kentucky oder Mississippi oder irgendwas in der Ecke. „Seine Frisur gefällt mir nicht", sagte ich, „sein Name ist ein schlechter Witz, und er ist noch kleiner als du, Reince."

Als ich eine Woche später im Trump Tower Rex Tillerson vor mir hatte – das heißt, eigentlich stand er neben mir, über eine Minute, ein echter Wasserwerfer –, wusste ich, ich hatte meinen Mann.

Wobei, darf ich mal was ganz Allgemeines zu diesen Amtstiteln sagen? Staatssekretär, Sekretär hier, Sekretär da. Das ist entwürdigend, respektlos. Sogar die eigentliche Sekretärin soll man heute doch als „Assistentin" bezeichnen, oder? Na ja, das werden wir beheben, ich habe nämlich bemerkt, dass in der Verfassung gar nichts von „Sekretären" steht, also werden diese ganzen Titel bald geändert.

WOBEI, DARF ICH MAL WAS GANZ ALLGEMEINES ZU DIESEN AMTSTITELN SAGEN? STAATSSEKRETÄR, SEKRETÄR HIER, SEKRETÄR DA. DAS IST ENTWÜRDIGEND, RESPEKTLOS. SOGAR DIE EIGENTLICHE SEKRETÄRIN SOLL MAN HEUTE DOCH ALS „ASSISTENTIN" BEZEICHNEN, ODER?

KAPITEL 5 ★ ★ ★ ★ ★ ★ ★ ★ ★ ★ ★ ★ ★ ★

MOUNT RUSHMORE – DA FEHLT EINER

So, das war's jetzt erst mal mit den Rückblicken – heute ist endlich Amtseinführung. Anfang dieser Woche habe ich das letzte Kabinettsmitglied ernannt, wobei ich gerade wirklich nicht mehr genau weiß, wer es war – irgendeiner aus der zweiten Reihe, Verkehrssicherheit, vielleicht auch Bergbau und Agrardienstleistungen, irgend so was, kann man im Internet nachlesen. Jedenfalls sind alle, die direkt an mich berichten, eingestellt, also kann es jetzt losgehen!

Sämtliche Präsidenten bis auf Bush Nummer eins, der zweiundneunzig ist und angeblich zu krank für die Reise, sind zu meiner Amtseinführung gekommen – selbst Jimmy Carter, der ist auch zweiundneunzig und hat sogar Krebs. Carter hat auch als Erster auf die Einladung geantwortet. Ich glaube, das war seine Art, sich dafür zu entschuldigen, dass er im Wahlkampf gesagt hatte, ich würde „die entscheidendsten moralischen und ethischen Prinzipien ablehnen, auf denen unsere Gesellschaft fußt". Bill Clinton kam natürlich zusammen mit Hillary. Sie musste mitkommen, sonst hätte sie erst recht wie eine schlappe, kränkliche Verlierer-Oma ausgesehen. (Bill ist gerade sehr dünn und sehr blass, darum habe ich zu ihm gesagt: „Hey, Kumpel, du musst wieder anfangen, Steaks zu essen, Menschenskinder." Armer Bill – diese Diät, diese Frau. Gut möglich, dass ich als Präsident gebeten werde, bei seiner Beerdigung eine Rede zu halten, was mir eine große Ehre sein wird. Wahrscheinlich auch bei Carter und dem alten Bush.) Als Hillary zur Zeremonie im Capitol kam, hat die Menge tatsächlich gebuht – ich habe es nicht gehört, weil ich noch backstage war, aber Kellyanne hat mir eins von diesen Gif-Dingern geschickt, die ich mir gerne auf dem Telefon angucke. So was von lustig, wie das immer wieder von vorn losgeht. Musste mich richtig zwingen, es auszumachen.

Dann kam meine große Rede. Bestimmt erinnern sich ein paar daran, wie Obama bei dieser furchtbar traurigen schwarzen Beerdigung im Süden *Amazing Grace* gesungen und alle damit überrascht hat? Das fanden die Leute herrlich. So was wollte ich auch machen. Ich hatte vor, die Antrittsrede mit den Worten „Amerika wird wieder siegen, siegen wie nie zuvor" zu beenden – was ich ja auch gemacht habe. Aber dann sollte auf einmal Musik spielen, und ich wollte anfangen zu singen: „*We … are … the … champions, no time for losers, ‚cause we are the champions of the world!*" Da wären die Leute durchgedreht, hätten geklatscht, gekreischt und geweint. Das wäre großartig gewesen. Aber Mike Pence hat mich buchstäblich angefleht, es nicht zu machen, weil der Typ, der das Original gesungen hat, scheinbar schwul war. Also bin ich doch bei der einfachen Variante geblieben. Und trotzdem wurde die Rede unter die Top Five aller Zeiten gewählt.

Beim nächsten Mal, 2021, füge ich den Satz wieder ein, den Ivanka und Jared dieses Mal rausgestrichen haben: „Ich bin der reichste Präsident, den Amerika jemals gehabt hat – das sage ich nicht, weil ich mit meinem Reichtum angeben will, sondern weil die fünf reichsten nach mir Kennedy, Washington, Jefferson, Teddy Roosevelt und Andrew Jackson waren – also drei von den vier am Mount Rushmore!“ Da will ich auch hin, vielleicht kann Reince das für mich regeln. Jedenfalls wird meine zweite Antrittsrede definitiv mehr Pepp haben, sie wird mehr so in Richtung Super-Bowl-Halbzeit gehen, vielleicht lasse ich die Air Force über der Kuppel vom Capitol schweben und singe in der offenen Tür *My Way*, flankiert von ein paar Marines, die aus T-Shirt-Kanonen amerikanische Flaggen in die Menge feuern. Diese tolle Idee ist ursprünglich auf Barrons Mist gewachsen. Kellyanne meint, einer von den Marines müsste dann aber eine afroamerikanische Frau sein. Von mir aus.

KELLYANNE MEINT, EINER VON DEN MARINES MÜSSTE DANN ABER EINE AFROAMERIKANISCHE FRAU SEIN. VON MIR AUS.

KAPITEL 6 ★ ★ ★ ★ ★ ★ ★ ★ ★ ★ ★ ★ ★

WEM GEHÖRT DAS WEISSE HAUS?

Meine Amtseinführung, die eigentliche offizielle Regierungsübernahme mit der Bibel und der Rede, fühlte sich total fantastisch an. Alle gucken zu, alle hören zu, und nicht bloß die zwei oder drei Millionen auf der National Mall, sondern bestimmt eine Milliarde in ganz Amerika und weltweit über Fernsehen und Internet – in Afrika und Indien wahrscheinlich übers Radio –, so viele Zuschauer, so viele Zuhörer, keiner lacht, keiner redet (außer mir), sogar die Hater sind eingeschüchtert, alle sind sie auf den Präsidenten Donald J. Trump konzentriert. Es wäre noch besser gewesen, wenn ich die Rede nicht abgelesen hätte; lesen zieht mich immer runter, egal ob ich in der Öffentlichkeit laut lese oder allein für mich. Aber sie haben mich nicht frei sprechen lassen. Trotzdem war es unglaublich großartig und phänomenal.

Leider dauerte das Ganze gerade mal, was, siebzehn Minuten oder so? Der Tag von meiner Amtseinführung hat siebzehn Stunden gedauert, und ich muss sagen, das meiste davon war Zeitverschwendung und fake. Das Mittagessen mit den ganzen angeblichen Washingtoner VIPs und „Leadern“ in dem runden Raum im Capitol? Furchtbare Akustik, eine Akustik von 1776 oder so, eine Akustik, wie sie heutzutage verboten wäre. Kein Wunder, dass das amerikanische Volk von den Politikern und der Regierung komplett gelangweilt war, bis ich kam. Zog sich ewig hin, und der Präsident, also ich, saß bloß da und musste mir das heuchlerische Zeug von den anderen anhören, so was von öde – außer als ich zu Hillary gesagt habe, sie sollte mal aufstehen und sich beklatschen lassen. Das war witzig. Obwohl ich eigentlich nicht wollte, dass alle anderen auch zur Standing Ovation aufstehen, aber egal, ich bin ein Gentleman. Außerdem haben ja alle gesehen, wie sie versagt hat; da brauchte ich nicht noch Salz in die Wunde reiben.

Mir war schon immer bewusst, dass die großen Höhenflüge im Leben nie besonders lang dauern. Meist nicht mal eine Minute, oft bloß ein paar Sekunden. Man denkt: „Jawoll!“, und zack, schon ist es vorbei, das war's, nicht mehr glücklich. So ist es zum Beispiel, nachdem man einen tollen Tweet abgesetzt hat. Nach einem tollen Moment mit jemand, den man liebt. Nach einem tollen Dessert wie der dreistöckigen Trump-Schokoladentorte im Club Mar-a-Lago. Wahrscheinlich hatte ich Glück, weil ich diese Lektion schon früh gelernt habe. Sogar meine frühste Erinnerung hängt mit dem Lernen zusammen, und Torte kommt auch darin vor. Mein dritter Geburtstag, fantastische Party, ich beuge mich gerade über die Eistorte und will die Kerzen ausblasen, da fangen meine Haare Feuer. „Nicht, Fred!“, schreit meine Mutter, aber mein Vater drückt mein Gesicht schon in die Torte, um das Feuer zu löschen, und lacht dabei wie ein Irrer – eines der wenigen Male, dass ich ihn überhaupt lachen gehört habe. Die andere Sache, die ich gelernt habe, ist, dass einem die Tiefen immer viel, viel deutlicher und viel, viel länger im Gedächtnis bleiben als die Höhen, so als wären sie welche von diesen Gif-Dingern, die im Kopf immer wieder von vorne ablaufen, ohne dass man sie löschen kann.

Jetzt bin ich Präsident. Mein erster Tag im Weißen Haus. Tag eins …

… Sorry. Ich bin seit gestern Präsident, also ist es wohl Tag zwei. Aber heute ist Samstag, also sagen wir, Montag ist Tag eins. Das Wochenende ist das Warm-up, so wie wenn man beim Golf vor dem eigentlichen Abschlag ein paar Probebälle schlägt. (Witzige Geschichte: Vor unserer Hochzeit habe ich das oft allein im Dunkeln zur First Lady gesagt – die da noch nicht die First Lady war.) Jedenfalls ist heute Tag eins minus zwei der Regierung unter Präsident Trump, und was erwartet mich beim Aufwachen? Die Lügen der ganzen widerlichen, verlogenen Medien über die Größe des Publikums bei meiner Amtseinführung. Es lief auf allen Kanälen, vor allem Interviews mit sogenannten „Experten“. Das war, wie wenn man nachts mit einem wunderschönen Supermodel nach Hause kommt: Man freut sich wie ein Schneekönig, und dann hat man am nächsten Morgen plötzlich eine verwesende Leiche neben sich im Bett liegen. (Noch so eine Redensart. Wobei das einem Freund von mir tatsächlich passiert ist.)

★ ★ ★ ★ ★ ★ ★ ★ ★ ★ ★ ★ ★

Heute Morgen in der Limo auf dem Weg zur CIA hat mir Kellyanne den Nacken massiert, so wie Ivanka es immer gern gemacht hat, als sie klein war. Danach hat sich meine tolle Rede vor den Mitarbeitern dort noch besser angefühlt. Sie sind mehrmals aufgestanden und haben mir applaudiert. Wäre ich so einer, der weint, dann hätte ich bestimmt weinen können. Aber auf dem Weg nach draußen hat mir dann jemand erzählt, das CIA-Haupt-

Während Ivanka wichtige Dinge mit den anderen spitzenmäßigen Hilfskräften im West Wing bespricht, übe ich meinen neuen *Olympus-Has-Fallen-White-House-Down*-Alarmstufe-Rot-Fluchtplan.

quartier würde jetzt *George Bush Center for Intelligence* heißen. Ich dachte erst, das wäre so ein Washingtoner Insider-Witz, aber es stellte sich heraus, dass sie den alten Bush meinten, Opa Bush, der scheinbar mal ein Jahr lang Leiter der CIA war. Da habe ich eins und eins zusammengezählt und verstanden, wieso die ganzen hohen Tiere im Geheimdienst gegen mich sind – weil ich Jeb Bush fertiggemacht habe, weil ich ihn eine Woche nach der ersten Vorwahl aus dem Rennen geworfen habe, obwohl er 150 Millionen Dollar gegen mich investiert hat. Jetzt ist alles klar, dachte ich, als wir uns in die Limo setzten, um nach D.C. zurückzufahren. Und darum hat Billy Bush auch vor zehn Jahren dieses *Pussy-Tape* heimlich aufgenommen. Hillary, Obama, die Medien, die Geheimdienste und die Familie Bush veranstalten alle zusammen ein riesiges Kekswichsen, und ich bin der Keks, das ist so widerlich. Plötzlich guckten Reince und Kellyanne mich beide komisch an – da wurde mir klar, dass ich das alles gerade laut ausgesprochen hatte. Ich habe mich aber nicht entschuldigt und bin auch sonst nicht weiter darauf eingegangen, sondern habe nur weiter geradeaus gestarrt. Grundkurs *Management*.

„Wisst ihr was", sagte ich, „wir sind hier schon auf halbem Weg zum Trump National." Das ist mein luxuriöser Weltklasse-Golfclub in Virginia, zwei wunderschöne Bahnen. „Wir könnten uns in McLean ein paar Big Macs oder Oreo-McFlurrys holen, was ihr wollt, geht auf mich. Hey, Anthony, Kanye hat mir erzählt, McDonald's wäre sein absolutes Lieblingsessen! Wir holen uns da was und spielen ein paar Bälle zum Runterkommen."

Niemand sagte was.

„Was ist? Es liegt doch kein Schnee. Was ist los?"

„Mr. President", sagte Kellyanne, „die Medien machen uns fertig, wenn Sie am ersten Tag Golf spielen."

„Und wenn ich mit Anthony spiele? Und sie Fotos machen lasse? Dann wäre es eine tolle, besondere Gedenkveranstaltung zum Martin-Luther-King-Monat. Spielst du, Anthony? Warst du als Junge vielleicht mal Caddie?“

„Ich kann schon spielen, Mr. President, aber während der Arbeit dürfen wir das nicht.“

„Beim Joggen und Radfahren dürft ihr mitmachen, aber beim Golfen nicht? So was von elitär. Reince, Jeff Sessions soll sich darum kümmern.“

„Der Secret Service unterstand noch nie dem Justizministerium, Mr. President, und momentan ist er dem Heimatschutz zugeteilt.“

„Das weiß ich, natürlich weiß ich das, aber ich finde es sehr dumm und chaotisch. Meiner Meinung nach sollte er zum FBI gehören. Aber schön, umso besser, dann müssen wir nicht mit Comey übers Golfen reden. Anthony, du kannst dich glücklich schätzen, dass du nicht beim FBI für Comey arbeiten musst. Der ist so was von unberechenbar.“

Diesmal durfte sich Reince an der Nackenmassage versuchen, aber das brachte gar nichts – er entpuppte sich als Kneifer, viel zu schnell, zu nervös, zu fest. „Er verletzt den Präsidenten“, sagte ich zu Anthony. „Du musst ihn stoppen.“ Alle lachten, was mir nicht gefiel, weil plötzlich wieder das Gif-Ding mit den Lügnern in den Nachrichtensendungen in meinem Kopf ablief, die über meine Amtseinführung lachten. Ich sagte Kellyanne, Sean Spicer sollte die Reporter im Weißen Haus zusammentrommeln – es interessierte mich nicht, ob Samstag war, von denen hält sich eh

SEAN SPICER SOLLTE DIE REPORTER IM WEISSEN HAUS ZUSAMMENTROMMELN – ES INTERESSIERTE MICH NICHT, OB SAMSTAG WAR, VON DENEN HÄLT SICH EH KEINER AN DEN „RABATT“ ODER „SABBAT“ ODER WIE DAS HEISST.

keiner an den „Rabatt“ oder „Sabbat“ oder wie das heißt. Sean soll ihnen sagen, dass in Amerika, vielleicht sogar auf der ganzen Welt noch niemals so eine große Menschenmenge zusammengekommen war wie bei meiner Amtseinführung und man sie wahrscheinlich vom Mond aus hätte sehen können. Sie sagte: „Wie wär's mit ‚größte Zuschauerzahl bei einer Amtseinführung‘?“, und ich erklärte mich einverstanden. Mit mir kann man ja reden.

Als ich wieder im Weißen Haus war, wollte ich mir nicht die ganzen Lügner auf CNN angucken, und zwischen *Fox & Friends* und dem Abendprogramm gibt es im Fernsehen tagsüber nicht viel Interessantes, vor allem samstags, also nutzte ich die Zeit, um mich mal richtig umzuschauen. Ich will mich nicht beschweren oder übermäßig kritisch sein. Es ist das Weiße Haus. Historisch. Washington, Lincoln, Kennedy, Marilyn und so weiter. Ultraexklusiv. Bestimmt gewöhne ich mich dran, aber ich hätte jedenfalls alles anders gemacht, was die Einrichtung angeht, die Armaturen, die Oberflächen. Es ist elegant, aber es ist nicht so richtig 21.-Jahrhundert-mäßig. Der Kalkstein, der Marmor – es gibt gar nicht so besonders viel Stein im Weißen Haus, und wenn, dann nur in Weiß, Cremeweiß, Grau oder Schwarz, richtig fad. Das Gebäude ist 217 Jahre alt, was mir einfach zu alt ist. Mein persönlicher Geschmack ist eher luxuriös und kontinental, „mehr Abu Dhabi, weniger Alabama“, wie Ivanka immer sagt – nicht böse gemeint, Jeffy Sessions, du alte Südstaatenpflanze. Viele finden die Einrichtung im Weißen Haus öde und ein bisschen rustikal, ziemlich spaßbefreit, weil viele Snobs in solchen Häusern wohnen, Pferdenarren mit pseudoenglischem Akzent, deren Uropa vielleicht mal ordentlich Geld hatte, aber sie nicht mehr. Wobei man sagen muss, im ersten Stock gibt es einen schönen großen Flur – hohe Decken, dicke Säulen, gute Kronleuchter, fast schon trumpmäßig.

Mein eigentlicher Wohnbereich im Weißen Haus ist viel, viel kleiner als normalerweise – um die 2000 Quadratmeter, was sich viel anhört, ich weiß, aber mein Penthouse im Trump Tower hat knapp 2800. Das gesamte Weiße Haus mit allen Baracken für die Bediensteten, die ich noch nicht mal gesehen habe, ist gerade mal halb so groß wie Mar-a-Lago. Ohne Spaß. Das Oval Office ist natürlich was Besonderes, tolles Branding, ikonisch. Schön hohe Decken. Aber in meinen eigenen Häusern sind sogar meine Badezimmer größer. Immerhin hängen im Oval jetzt schon die neuen Goldvorhänge, die ich ausgesucht habe. Die wirken so viel stärker und edler als die billigen roten, die Obama dort hängen hatte. Ich muss mir dauernd anhören, ich könnte nicht als erster Präsident einen Fernseher im Oval aufstellen. „Und wieso nicht?", habe ich gesagt, als wir am Freitag zum ersten Mal hereinkamen. „Das amerikanische Volk würde mich dafür lieben. Wir könnten ein paar kleine Bildschirme aufhängen, 30 Zoll, 40 Zoll, links und rechts von dem Fenster hinterm Schreibtisch, da wo jetzt die Bilder hängen. Fernseher sind doch bloß die bessere, moderne Version von Bildern, oder?" Später, hieß es, vielleicht nach den ersten hundert Tagen.

Ich weiß jetzt schon, dass sich das Weiße Haus nie wie ein richtiges Zuhause anfühlen wird. Nicht weil ich bloß vorübergehend hier wohne, sondern weil es mir nicht gehört. Das Südliche Weiße Haus, Mar-a-Lago, das gehört mir. Der Trump Tower, das Nördliche Weiße Haus, gehört mir. Meine Angestellten dort arbeiten für mich und nicht für die Regierung. Wenn ich wollte, könnte ich den Trump Tower und Mar-a-Lago abreißen lassen, ich könnte sämtliche Angestellten grundlos entlassen, und dann würden sie wirklich auf der Straße sitzen und nicht bloß irgendeinen anderen Regierungsposten kriegen. (Wenigstens habe ich meinen Freund

Keith, der seit zwanzig Jahren mein Bodyguard ist. Früher war er bei der New Yorker Polizei, jetzt ist er Director of Oval Office Operations, was bedeutet, dass ich ihn zwar ständig um mich habe, aber nicht aus eigener Tasche bezahlen muss. Win-win.) Es klingt vielleicht rührselig, aber es macht mich echt traurig, dass mir das Weiße Haus nie gehören wird.

KAPITEL 7 ★ ★ ★ ★ ★ ★ ★ ★ ★ ★ ★ ★ ★

EIN FERNSEHER IM OVAL

Heute Morgen, an Tag ... eins, zwei, drei, vier ... an Tag vier meiner Regierungszeit, kam Reince um acht Uhr irgendwas, kurz vor neun – ich weiß deshalb, wie spät es war, weil ich in der letzten Werbeunterbrechung von *Fox & Friends* gerade auf *Morning Joe* umgeschaltet hatte – in das kleine private „Esszimmer" neben dem Oval Office gerannt, wo ein Fernseher steht. Der ist winzig, unfassbar klein, aber wenigstens muss ich so zum Fernsehen nicht nach ganz oben. Habe heute Morgen einen 65-Zoller bestellt und einen richtig, richtig, richtig großen Kronleuchter lasse ich auch besorgen. Ein Präsident braucht einen Fernseher im Oval, das muss wirklich sein.

„Mr. President", sagte Reince, „in der Telefonzentrale ist einer von diesen ... Anrufen eingegangen."

Am ersten Sonntag hatte mich der Präsident von Weißrussland direkt im Weißen Haus zu erreichen versucht. Weil er nicht übers Auswärtige Amt angerufen hatte, wollte ihn die Telefonzentrale aber nicht durchstellen. Sehr schlecht. Weißrussland ist tatsächlich ein ziemlich wichtiges kleines Land, was die meisten nicht wissen. Direkt zwischen Deutschland und Russland, heutzutage unabhängig, sehr unabhängig, strategisch. Größer als England. Mike Flynn, der Herrn Lukaschenko kennt, sagte, er wäre ziemlich beleidigt gewesen. Also sagte ich zu Reince: „Sag mir immer Bescheid, wenn so ein Anruf reinkommt."

„Wer ist es? Ruft Presidente Piñata an, um Bescheid zu sagen, dass er doch kommt?" Jared hatte ein Treffen mit dem mexikanischen Präsidenten organisiert, um über die Mauer zu reden, für die er bezahlt, aber das hatte er gerade abgesagt. Vielleicht stimmt das, was viele in der Baubranche und im Hotelbusiness über Arbeiter mit gewisser Abstammung sagen. Die rufen in letzter Minute an und sagen: „Sorry, Chef, mañana." (Der Präsident heißt übrigens wirklich Piñata, das ist also nicht „rassistisch".)

VIELLEICHT STIMMT DAS, WAS VIELE IN DER BAUBRANCHE UND IM HOTELBUSINESS ÜBER ARBEITER MIT GEWISSER ABSTAMMUNG SAGEN. DIE RUFEN IN LETZTER MINUTE AN UND SAGEN: „SORRY, CHEF, MAÑANA."

„Nein", sagte Reince zu mir, „ein Typ, der sich als Kim Jong-un ausgibt, und sein Dolmetscher von der UN. Der Anruf kommt von der koreanischen Halbinsel, der Dolmetscher ruft auf einer anderen Leitung aus New York an, aber der diensthabende Offizier im Kontrollraum sagte, es handelt sich mit ziemlicher Sicherheit nicht um den Obersten Führer von Nordkorea."

„‚Mit ziemlicher Sicherheit', wie?" Es war Zeit für eine präsidentielle Entscheidung. Das konnte meine Chance sein, den wichtigsten Friedenspakt aller Zeiten zu schließen: Trump rettet am vierten Tag im Amt die Welt. „Ich war drauf und dran, ‚mit ziemlicher Sicherheit' gegen Hillary zu verlieren, falls du dich erin-

Multitasking im Oval Office: Ich gucke *Fox & Friends* mit dem fantastischen Steve Doocy, dem anderen Kerl und der Blondine, während meine Berater und „Experten" mich briefen.

nerst. Die sollen ihn durchstellen. Aber hol Steve, ich brauche hier einen Erwachsenen."

Ich hatte schon geschäftlich mit Koreanern zu tun, und ich hatte von Anfang an das Gefühl, einen Draht zu dem Kerl zu haben. Ich machte ihn erst mal warm, sagte ihm, wie schlau und wie notwendig es gewesen war, seinen Onkel, seinen Bruder und ein paar von den treulosen Generälen zu beseitigen, und dass er damit allen gezeigt hatte, wer der Boss war. Ich sagte, wie toll es wäre, dass er so jung ist, in dem Alter hätte ich mein erstes Hotel gebaut und mit dem Trump Tower angefangen, und ich erzählte ihm, dass ich als Kind mal in einen Filmstar namens Kim verliebt gewesen wäre –

Kim Novak. Dann zog ich die Zügel ein bisschen an. „Wir wollen doch beide keinen Atomkrieg, stimmt's, Kim, Mr. Kim, Oberster Führer?", sagte ich. Und er stimmte mir zu. „Wie viele Atomraketen habt ihr, zwanzig?", fragte ich. „Und an einem guten Tag kommt eine davon vielleicht bis Japan? Und ich habe vielleicht sechstausend" – Bannon hielt vier Finger hoch – „viertausend Sprengköpfe, die ich alle auf euch abschießen kann, wenn ich will – und dann heißt's Sayonara! Nicht dass ich das wirklich will. Überhaupt nicht. Also lassen Sie uns reden, überlegen wir mal, was uns beide zufrieden macht."

Er sagte etwas auf Koreanisch, und nach ein paar Minuten nannte mich sein Dolmetscher plötzlich „Mr. erigierter Präsident Trump". Da merkte ich, dass mein Sohn Eric dran war. „Kim" war ein Kumpel von Eric aus Georgetown, ein echter Südkoreaner, der in unserer prachtvollen Wohnanlage Daewoo Trump World in Seoul im Marketing tätig ist. „Ihr Schweinebacken!", sagte ich. Reince und Steve waren leicht angesäuert, aber ich finde, das Ganze war eine gute Generalprobe für den Ernstfall.

★ ★ ★ ★ ★ ★ ★ ★ ★ ★ ★ ★ ★

In dieser ersten Woche flog ich auch zum ersten Mal mit dem Marine One und der Air Force One, nach Philadelphia und zurück. Für andere Präsidenten gehört es ganz bestimmt zu den großartigsten Dingen an dem Job, einen großen Privatjet zur Verfügung zu haben – das gibt ihnen eine Zeit lang fast das Gefühl, ein Donald Trump zu sein. Die Air Force One war ganz okay, aber es ist wie mit dem Weißen Haus – sie gehört mir eben nicht. Die 747 ist ein viel, viel altmodischeres Modell als meine Trump 757. Sie hat keine Rolls-Royce-Triebwerke wie meine T-Bird, die es auf

1000 Sachen bringt, und natürlich hat sie im Bad nicht die berühmten Armaturen aus 24-karätigem Gold. Es heißt allerdings, die Air Force One könnte unbeschadet über eine Atomexplosion hinwegfliegen. Wir werden sehen.

Ich war bloß für eine Stunde in Philly, wo ich vor den Republikanern aus dem Kongress eine Motivationsrede gehalten habe – für die sind ein paar Nächte in einem Loews Hotel außerhalb der Stadt wahrscheinlich eine tolle Sache –, aber ich nutzte den Flug, um Dokumente zu unterschreiben, die ganzen präsidentiellen Verfügungen und was weiß ich. Wobei es mir gefällt, „kraft des mir durch die Verfassung und Gesetzgebung der Vereinigten Staaten von Amerika verliehenen Amtes des Präsidenten“ laut zu sagen.

Ein paar von den Sachen, die man da unterschreibt, sind echt wichtig. Ich habe den ganzen Rückflug nach Washington nur mit Lesen verbracht – jedes einzelne Wort, Tausende von Wörtern. Zum Beispiel „Schutz der Nation vor dem Eindringen von Terroristen aus dem Ausland in die Vereinigten Staaten“. Dagegen kann doch keiner was sagen, oder? Und ehrlich gesagt sollte ich ein bisschen Anerkennung dafür kriegen, dass ich das Einreiseverbot schon lockerer gestaltet habe, als sich manche gewünscht hätten – kein Verbot für Leute aus Indonesien oder der Türkei, kein Verbot für Leute aus Saudi-Arabien oder Dubai, was zusammen die Hälfte aller Moslems auf der Welt ausmacht. Wieso sollte einer aus Dubai auch Terrorist werden? Fantastischer Ort, keine schmutzigen Fabriken, wobei ich industrielle Fertigung liebe, alles brandneu, vor allem der Trump International Golf Club, das größte Clubhouse in Dubai, das meine Söhne wohl demnächst eröffnen, und bald kommt

WIESO SOLLTE EINER AUS DUBAI AUCH TERRORIST WERDEN? FANTASTISCHER ORT, KEINE SCHMUTZIGEN FABRIKEN, ALLES BRANDNEU.

noch der Trump World Golf Club dazu, designt von Tiger Woods, einem von meinen engen afroamerikanischen Freunden. Ich liebe Tiger.

Nach der Landung auf dem Luftwaffenstützpunkt Andrews gratulierte ich meinem Team dazu, dass es den Erlass ohne ein Wort über die Moslems oder islamische Leute oder Araber oder wie auch immer formuliert hatte. Sehr schlau. Ich fragte sie, ob sie sich dabei an den Gesetzen zur Verhinderung von Wahlbetrug in bestimmten Staaten orientiert hätten, wo die Republikaner in den Gesetzentwürfen nie irgendwas von Schwarzen oder Mexikanern geschrieben hatten, sondern immer nur so was wie: „Hey, wir wollen ja bloß bessere Kontrollen vor den Wahlkabinen." Aber Reince und Kellyanne und die anderen haben bloß gelächelt. Hätten sie das kommentiert, dann hätten die verlogenen politisch korrekten Medien es irgendwie gegen sie verwenden können. Also war es schon okay, dass sie das für sich behalten.

KAPITEL 8 ★ ★ ★ ★ ★ ★ ★ ★ ★ ★ ★ ★ ★

ES FÜHLT SICH ECHT AN, SO WIE IM FILM

Erst am zweiten Wochenende als Präsident fühlte ich mich wirklich wie *der Präsident*. Endlich fühlte es sich echt an, so wie im Film. Oder eher wie in einer von diesen Broadway-Shows, die auf einem Film beruhen – es war ja schließlich live. So was wie *Die Farbe Lila* oder *School of Rock*, nur eben nicht als Musical. Es wurde langsam richtig spannend, weil ich ja nicht mehr bloß Papiere unterschreiben und für Fotos posieren musste.

Als erstes rief ich Piñata an und sagte ihm, er soll gefälligst aufhören so zu tun, als würde er nicht für die Mauer bezahlen. Ansonsten müsste ich vielleicht unsere Armee vorbeischicken, damit sie sich um seine Drogentypen kümmert. Und dann sagte ich ihm, dass mir der Besuch bei ihm letzten Sommer gar keinen Spaß gemacht hätte. Volltreffer, das muss wehgetan haben!

Cut!

Dann rief ich den australischen Premierminister an und verpasste ihm einen Einlauf: „Wir sollen eure Flüchtlinge aus den Terrorstaaten aufnehmen? Du hast wohl mit 'nem Känguru geboxt, Kumpel!"

Cut!

Und nachdem die Iranis eine Testrakete abgefeuert hatten, habe ich ihnen (und meinen Millionen und Abermillionen von Twitter-Followern) gleich klargemacht, dass sie ab sofort UNTER BEOBACHTUNG STEHEN, genau so, in Großbuchstaben. Da haben sich die ganzen übriggebliebenen Fans von Hillary und Obama im Außenministerium gar nicht mehr eingekriegt.

Cut!

Am Freitagabend kam der FBI-Direktor zu einem frühen Abendessen ins Weiße Haus, nur wir zwei, Comey und ich – ich fragte ihn, ob er sich über meine nette Behandlung gefreut hätte, als er ein paar Tage vorher zu einer Veranstaltung vorbeigekommen war. Die Umarmung – eine öffentliche Umarmung von Trump! Ich sagte ihm, es würde mich freuen, dass er seinen Job so gern hat, und ich hätte gehört, er wäre ein sehr loyaler Kerl, vor allem Chefs gegenüber, einer, der die Befehlskette achtete, und ich würde davon ausgehen, dass er seinem Chef einen Wink geben würde, wenn jemals Ermittlungen gegen diesen Chef laufen sollten, vor allem, wenn diese Ermittlungen totaler Quatsch wären. Dann: Nahaufnahme von meinem Gesicht, Nahaufnahme von seinem Gesicht, und er flüstert mir zu, dass die nicht gegen mich ermitteln.

Cut!

Danach rief ich noch irgendeinen CEO an und sagte ihm, dass wir uns auf jeden Fall erkenntlich zeigen würden, wenn er seine Fabrik in Iowa oder Indiana oder wo auch immer noch nicht sofort dicht macht. Und dass seine Kinder und Kindeskinder es bereuen würden, falls er seine Fabrik doch in Mexiko hochzieht – und nein, sagte ich, ich meinte damit nicht „künftige Generationen von Amerikanern", ich meinte *seine* Kinder und Kindeskinder.

Cut!

Wie dem auch sei, jedenfalls trat in dieser zweiten Woche als Präsident auch das Einreiseverbot, das ich mir ausgedacht habe, in Kraft – unsere Jungs an der Grenze machten endlich Ernst, filzten die ganzen Terroristen ordentlich und schickten sie dann zurück nach Timbuktu. (Was viele nicht wissen: Timbuktu ist ein echtes Land in Afrika. Aber islamisch.)

Richtig dramatisch wurde die Sache bloß wegen den ganzen Demonstranten und Anwälten, die dagegen auf die Barrikaden gingen. Daran bin ich gewöhnt – noch ein Grund, warum ich besser auf den Job vorbereitet bin als andere Präsidenten bei ihrem Amtsantritt. Dieses Wochenende war es, wie wenn bei einem großen Trump-Projekt, das Architekten und Ingenieure monate- und jahrelang geplant haben, endlich die Abrissbirnen zum Einsatz kommen. Und manchmal legt man halt schon los, obwohl vielleicht noch nicht jede einzelne Baugenehmigung und jedes einzelne „Umweltverträglichkeitsgutachten" vorliegt, man macht einfach. Anders als bei einem Hotel hatten wir für das Einreiseverbot nicht Monate und Jahre zum Planen, weil ich ja erst seit einer Woche Präsident war. Es war also wohl weniger wie ein Bauprojekt, sondern eher, wie wenn du merkst, dass das Mädchen, das du gerade kennengelernt hast, schon leicht einen sitzen hat und alles mitmachen wird, und du musst eigentlich noch ein bisschen Smalltalk machen und dabei lächeln, aber du hast Angst, sie könnte ohnmächtig werden oder anfangen zu heulen oder so, also, na ja, gehst du einfach ran. Was ich meine, ist: nicht zu viel planen.

Mad Dog Mattis, mein frischgebackener Verteidigungsminister, hätte sich gewünscht, wir hätten ihm und dem Pentagon einen Wink zu dem Einreiseverbot gegeben, aber ich wollte wirklich um jeden Preis verhindern, dass die Terroristen irgendwie davon Wind bekommen und sich tarnen. Ich glaube, ich konnte Mad Dog davon überzeugen, dass das die richtige Entscheidung war. Jedenfalls hat er nicht gesagt, dass es falsch war. Und General Kelly und seine Leute vom Heimatschutz wussten auch von nichts, aber ich glaube, es ist immer gut, die eigenen Leute auf Trab zu halten, stimmt's? Man warnt die Angestellten ja auch nicht vor, wenn ein Drogentest ansteht. Und man warnt die Frau nicht vor, wenn man abends was Schönes mit ihr vorhat. Plötzlich ist es einfach so weit, also muss sie sich immer bereithalten. Grundkurs *Management*.

MAN WARNT DIE ANGESTELLTEN JA AUCH NICHT VOR, WENN EIN DROGENTEST ANSTEHT. UND MAN WARNT DIE FRAU NICHT VOR, WENN MAN ABENDS WAS SCHÖNES MIT IHR VORHAT.

Am Sonntagmorgen kam Jared rüber ins Weiße Haus, um mit mir Nachrichten zu gucken. Jared gehört zur Familie, also setzten wir uns oben ins „Präsidentenwohnzimmer", das wirklich klein ist, eher wie ein Arbeitszimmer oder ein Hobbyraum, und redeten über das Einreiseverbot. Als am Freitagabend und den ganzen Samstag lang die Hölle los war, war Jared nicht da. Das war nicht weiter wild, aber er konnte nicht mal mit mir telefonieren oder texten oder e-mailen, was ich sowieso nicht mache. Weil er sehr, sehr, sehr jüdisch ist, was ich total respektiere, ist er quasi von Freitag bis Samstagabend im jüdischen Gefängnis – okay, sagen wir lieber Hausarrest, aber eigentlich ist es viel schlimmer, weil meine Ivanka und er weder Spaß haben noch arbeiten dürfen: keine Filme, kein Telefon, kein Internet, kein Autofahren, nichts. In der christlichen Gemeinde von Wohnungsbauminister Ben Carson, den Sieben-Tage-Adventsleuten, machen sie es auch so: Ihr Feiertag ist auch der Samstag, bloß nennen sie ihn nicht „Rabatt" oder wie das bei den Juden heißt. Aber es ist ja auch nicht so, als würde es im Ministerium für Wohnungsbau und Stadtentwicklung irgendwelche Notfälle geben. Da kann Ben samstags ruhig zu Hause bleiben, oder? (Außerdem nimmt er's nicht so genau, denn als er gegen mich angetreten ist, hat er auf jeden Fall samstags Wahlkampf gemacht. Damals hätte ich ihn dafür ohrfeigen können. Habe ich dann aber doch nicht.)

In den Sonntagsnachrichten zeigten sie nur Bilder von Demonstranten und Anwälte auf den Flughäfen, die uns alle daran hindern wollten, Amerika sicherer zu machen. „Ich möchte mal wissen, wie viel dein Kumpel Soros denen zahlt", sagte ich.

Jared lächelte bloß. „Komm schon, mir kannst du's sagen, ich werd's auch nicht twittern!" Jared hat aus seinen Immobiliengeschäften einen Riesenhaufen Schulden bei George Soros, diesem pseudoungarischen Gutmenschen. Eine Milliarde oder so. Wir haben verhindert, dass das vor der Wahl ans Licht kommt. Jetzt hat es aber doch irgendwer rausgefunden, und das heißt, wir könnten große Probleme mit den Konservativen kriegen, den ganzen Verschwörungstheoretikern, aber Bannon sagt, er sorgt dafür, „dass die Sache auf kleiner Flamme gekocht wird". Steve ist sehr tough. Er erinnert mich an einen dicklichen Roy Cohn, nicht schwul, aber genauso tough und witzig wie Roy, nur mit mehr, na ja, Idealen und so weiter. Ich weiß, Steve sieht aus, als hätte er Krebs, aber ich habe das überprüfen lassen, und er sieht wirklich nur so aus.

Einer, der am Samstag da war – Cohen oder Eisenberg, einer von den jungen Kerlen vom Nationalen Sicherheitsdienst, die das ganze Wochenende arbeiten dürfen, obwohl sie Juden sind –, hat gesagt, ich bräuchte mir wegen der Demonstranten keine Gedanken machen. Weil Amerika nichts auf pro-muslimische Demonstranten gibt, was stimmt. Aber auch weil wir uns, und das wusste ich nicht, über so ein Hightech-System in die Telefone von den Demonstranten einklinken können, so als würden sie sich bei uns registrieren, und dann speichern wir die Nummern, für den Fall, dass sich welche von denen als Terroristen oder Terroristenunterstützer oder illegale Einwanderer entpuppen. Was die Leute also nicht wissen: Das, was uns nach außen hin so schlecht dastehen lässt, ist eigentlich ein Vorteil. Grundkurs *Marketing*.

„Hast du gehört, was McCain und Graham gesagt haben?", fragte Jared. „Sie haben die Verfügung und ihre Umsetzung kritisiert."

„Ich habe schon eine Antwort! Pass auf: ‚WARNUNG: John McCain & der mit dem Mädchennamen ‚Lindsey' Graham, Mega-Loser, wollen bald 3. Weltkrieg anzetteln! Ich kann nichts dafür! Gruselig!'"

Jared guckte mich auf diese nervige Art an, als wäre ich sein Sohn. Aber ich gab ihm mein Handy. Manchmal muss ich ihn den „Senior White House Adviser" spielen lassen. Schließlich wird er für seine Arbeit ja nicht mal richtig bezahlt. Darum lasse ich ihn auch jeden Morgen seine eigene kleine Pressebesprechung machen. Das ist besser, als mir ewig anzuhören, wie er darüber schwadroniert, dass sich meine Präsidentschaft noch „im Beta-

Stadium" befindet, dass „das Zeitfenster für das Setzen starker Impulse begrenzt ist" und dass mein „Störpotenzial" meine „Kernkompetenz" ist, ich aber „auf externe Unterstützung angewiesen" bin, wenn ich „Washington auf das nächste Level heben" will.

Also hat er meinen Tweet umgeschrieben:

„Senatoren McCain & Graham sollten sich um ISIS, Einwanderung & Grenzschutz kümmern und keine vorschnelle Kritik äußern."

„Ach komm, Professor Kushner – ‚vorschnelle Kritik'? Das klingt ja wie ‚erektile Dysfunktion'. Das ist nicht Trump, das ist absolut untypisch! Langweilig, langweilig, langweilig. Und den Dritten Weltkrieg schreibe ich auf jeden Fall wieder rein." Gesagt, getan, auf „Tweet" gedrückt! Ich bin hier schließlich der Präsident. Jared ging nach unten, um in seinem Büro im West Wing zu arbeiten.

Er hat mich noch kein einziges Mal mit „Mr. President" angesprochen.

Meine Tochter macht es manchmal, aber eher auf eine humorvolle Art, mit einem lustigen kleinen Augenzwinkern, so wie Marilyn Monroe, als sie für Präsident Kennedy gesungen hat. Und es ist nicht „unangemessen", wenn ich das sage – Vanky hat es selbst so gesagt. Sie hat mir auch gesagt, dass Marilyn bei der „Happy Birthday, Mr. President"-Show im Madison Square Garden fast genauso alt war wie sie heute und dass sie sich ungefähr zwei Monate später umgebracht hat. Wirklich traurig.

Wieso kommt sonntags nach den Nachrichten nie was Gutes im Fernsehen? Das war schon in meiner Jugend so, und heute, ungefähr fünfundzwanzig Jahre später und mit einer Million Fernsehsendern mehr, ist es immer noch so. Ich muss das endlich in Ordnung bringen. Deshalb habe ich schon meinen tollen neuen Vorsitzenden der Federal Communications Commission gebeten, sich darum zu kümmern – Ajit Pai, ein Inder, toller junger Kerl, Harvard, Ajit Pai, ich liebe es, Ajits Namen zu sagen, fantastischer Name. Andererseits muss ich zugeben, dass ich wegen dem miesen amerikanischen Fernsehprogramm am Wochenende überhaupt erst mit Golf angefangen und bis jetzt achtzehn Clubmeisterschaften gewonnen habe. Also gehören mir deswegen heute auch die besten Golfplätze der Welt, die tollste Sammlung der Geschichte. So kann was Schlechtes manchmal zu was Gutem führen. Und weil ich als Präsident nicht jedes Wochenende auf den Golfplatz komme, kann ich dank dem furchtbaren Fernsehprogramm wenigstens dieses Buch schreiben, also so wie jetzt gerade in mein Handy sprechen, hier im Treaty Room. Der vielleicht mein Lieblingsraum im Weißen Haus ist – ich komme als Einziger hierher, extrem bequemes Sofa, geheimer Minikühlschrank für die Coke light, Anrichte für die Doritos, Lays und Schokobrezeln, die ich aus Pittsburgh habe einfliegen lassen, ein echt fantastischer Spiegel mit Goldrahmen, sehr alt, plus ein hübscher Balkon mit anständiger Aussicht. Und, das muss man sich mal vorstellen, der einzige große Fernseher im ganzen Haus, im Jahr 2017.

Wegen der ganzen Fernsehsituation und ohne meine Golfpartien am Wochenende werde ich angeblich „launisch". Sagt Ivanka. Darum hat sie ihrer Freundin Wendi Murdoch gesagt, sie soll dafür sorgen, dass Rupert mich öfter sonntags oder noch besser samstags anruft, weil sie dann den ganzen Tag lang jüdisch sein muss. Und darum wurde auch der erste Filmabend im Weißen Haus für heute im Vorführraum vom Ostflügel angesetzt. (Nebenbei bemerkt: Was soll eigentlich der ganze hellrote Stoff da? Sieht aus wie in einem Stripclub.) Wir gucken *Findet Dorie*, den Computertrickfilm mit dem Fisch. Ivanka kommt mit den Kindern vorbei, und der Film hatte immerhin das erfolgreichste Startwochenende, das ein Zeichentrickfilm jemals hatte, hat am ersten Wochenende schon eine Milliarde Dollar eingespielt, also –

Was zum Teufel? Oh-oh! Das Telefon auf dem Schreibtisch klingelt.

Der Anruf kam von Mad Dog und Mike Flynn. Die Navy-Seals-Einheit 6 hat im Jemen eine Militäraktion gegen Al-Qaida durchgeführt. Der Jemen ist dieses kleine Land ganz unten in Saudi-Arabien.

DER JEMEN IST DIESES KLEINE LAND GANZ UNTEN IN SAUDI-ARABIEN.

„Etwa fünfundvierzig Tote, Mr. President", sagte Flynn.

„Fantastisch", sagte ich. „Fünfundvierzig beseitigt, wie viele sind noch übrig?"

Mad Dog meinte, so einfach wäre das nicht, weil ungefähr dreißig davon Zivilisten waren und nur vierzehn definitiv von Al-Qaida. (Ich zitiere ihn nicht wörtlich, weil er gesagt hat, wenn ich das tun würde, wäre er unter Umständen zum Rücktritt gezwungen. Von mir aus.)

„Okay, Mad Dog", sagte ich, „aber vierzehn ist immer noch ganz gut. Wieso klingt ihr nicht fröhlicher? Jemen steht auf unserer Liste, oder, eins von den bösen arabischen Ländern mit den terroristischen Migranten, die wir überprüfen? Das hier zeigt den Leuten, dass viele von diesen Jemenern *wirklich* Terroristen sind. Und wir machen sie extra dort platt, damit sie nicht rüberkommen und Amerika zerstören! Ihr dürft das nicht sagen, aber ich darf es. Ich twittere es. Und morgen früh sollen sie bei *Fox & Friends* einen Splitscreen zeigen – rechts ein paar von diesen bärtigen Kerlen in langen Kleidern am John F. Kennedy Airport und links ein paar von den Toten im Jemen. Ein Bild sagt mehr als tausend Worte! Könnt ihr mir folgen, Mad Dog? Mike?" Grundkurs *Marketing* und Grundkurs *Management*!

Mad Dog sagte, die bösen arabischen Hombres hätten einen von unseren Navy Seals erwischt, und dass selbst nach monatelanger Planung manchmal was schiefgehen könnte. Und außerdem sollte ich bitte aufhören, ihn „Mad Dog" zu nennen.

Jared kam rauf, und ich erzählte ihm alles.

„Wow", sagte er. „Wie übel. Echt traurig."

Eine Minute saßen wir schweigend da. Es war ein Moment der Stille. Gut, ganz still war es nicht, der Fernseher lief ja. Aber sie brachten noch nichts über Jemen.

„Weißt du", sagte ich schließlich zu Jared, „die Medien werden mir die Schuld am Tod von diesem Seal geben. Und von den Zivilisten. Wenn es wirklich welche waren. Mad Dog hat gesagt, sie hätten den Einsatz seit Monaten geplant, also schon unter Obama, stimmt's? Ich habe das wohl irgendwann letzte Woche abgenickt, aber eigentlich haben ja die Generäle das Sagen, nicht ich. So mache ich das eigentlich immer. Ich habe nicht die Lehrpläne für die Trump University geschrieben, ich sage den Jungs in den Bulldozern auf dem Golfplatz nicht, wie sie die Bunker und Gewässer anzulegen haben. Hab ich nicht recht? Ich meine, Mad Dog und meine anderen Generäle genießen höchsten Respekt, also habe ich ihnen vertraut. So macht man das als Befehlshaber."

„Mhm", sagte Jared.

Einer von den Bediensteten, ein Butler, stand mit meiner Ovomaltine und Sonntagsfrühstückspommes und mit Jareds Möhren und Tee in der Tür. „Hey, Rodrigo, komm rein, was läuft?" Rodrigo ist mein Lieblingsdienstbote im Weißen Haus, keiner von diesen Matrosen von der Navy, die immer so tun, als wäre der Job hier eine Strafe für sie. Rodrigo ist fröhlich und sehr respektvoll, er behandelt mich wie einen König. Neulich hat er mir ein philippinisches Sprichwort beigebracht: *„Bagong hari, bagong ugali"*.

Erst dachte ich, das wäre ein schmutziger Witz, aber er meinte, es heißt: „Neuer König, neue Persönlichkeit". Bedeutet für mich: Ich bin der König und kann die Sachen auf meine Art machen. Mir kamen fast die Tränen, als er mir auf seinem Handy ein Foto von seinem Cousin gezeigt hat, der vor dem neuen fünfundsiebzigstöckigen Trump Tower Manila, dem höchsten Gebäude auf den Philippinen, steht und den Mittelfinger in die Kamera hält.

„Jared, probier mal die Pommes, die sind hier echt ganz ordentlich." Er lehnte natürlich ab. „Rodrigo, hab ich dir mal erzählt, dass meine letzte Miss Universe eine Miss Philippines war?"

„Ja, Mr. President, das haben Sie."

„Als ich sie hatte, war sie eigentlich noch Miss Philippines, aber als sie Miss Universe wurde, hatte ich den Wettbewerb schon für eine unfassbare Summe an den Bruder von Rahm Emanuel verkauft. Warst du schon hier, als Rahm Stabschef war?"

„Ja, Mr. President."

„Findest du, Reince schlägt sich gut?"

„Verzeihung, Mr. President?"

„Als Stabschef – schlägt er sich gut? Wie er immer so rumwieselt, findest du das nicht ... na ja ...?"

„Mr. Priebus scheint alles im Griff zu haben, Sir."

„Okay. Jedenfalls, weißt du noch, wie sie die Miss-Wahl 2015, die erste, die nicht mehr unter mir stattfand, komplett verkackt und der Falschen die Krone gegeben haben, der Miss Columbia oder so, bevor sie gemerkt haben, dass euer Mädchen gewonnen hatte? Sie war die dritte Miss Philippines, die Miss Universe wurde. Sehr hell, deutscher Vater, zählte aber trotzdem als Minderheit."

KAPITEL 9 ★ ★ ★ ★ ★ ★ ★ ★ ★ ★ ★ ★ ★

ICH BIN DER PRÄSIDENT

Wow: Das war ein ganzes Kapitel, und darin ging es gerade mal um ein langes Wochenende. Natürlich ein wichtiges Wochenende, denn Amerika ist schon dabei, wieder groß zu werden. Aber ich merke, ich muss einen Zahn zulegen, wenn dieses Buch nicht einer von diesen bescheuerten tausendseitigen Clinton-Ziegelsteinen werden soll, mit denen man jemanden erschlagen kann. Neue Regel: Mindestens eine Woche pro Kapitel, solange ich nicht in Syrien oder Nordkorea einen Krieg vom Zaun breche.

Nur Spaß! Keiner versteht mehr Spaß.

Ich rechnete damit, dass die sogenannten Bundesrichter mit ihrem Urteil das Böse nach Amerika hereinlassen würden. Ich rechnete mit einer Auseinandersetzung. Ich liebe Auseinandersetzungen. Jeder, der schon mal mit mir zu tun hatte, weiß, dass ich wirklich tough bin, wenn's drauf ankommt. Ich liebe die Auseinandersetzung, aber ich hatte immer noch keinen Generalstaatsanwalt, dadurch waren mir die Hände gebunden, und es wäre auch unfair meiner kleinen Südstaatenpflanze Jeffy Sessions gegenüber gewesen. Aber immerhin habe ich den Rechtsberater des Weißen Hauses, Don McGahn, einen echt toughen Iren, dessen Onkel Paddy jahrelang der Anwalt von meinem Casino in Atlantic City war.

Und im Gegensatz zum Generalstaatsanwalt ist McGahn mein persönlicher Anwalt, was herrlich ist – er sitzt gleich da oben im West Wing, er muss das Anwaltsgeheimnis wahren, und ich muss ihn nicht bezahlen, was mich wahrscheinlich eine Million Dollar im Jahr kosten würde. Genau wie dieser fantastische Finanzmann Anthony Scaramucci, den ich einstellen will, erinnert er mich ein bisschen an mich selbst: gute Ausbildung, gutes Aussehen, hat Geld, ist aber trotzdem ein normaler Typ, und außerdem hat er ganz tolle Haare. Weil McGahn auch noch Don heißt, fühlt es sich fast an, als würde ich mit mir selbst reden, und das ist echt gut. Er kam ins Oval Office, um mir zu sagen, dass wir bis jetzt in New York, San Francisco und Seattle verklagt worden wären.

WEIL MCGAHN AUCH NOCH DON HEISST, FÜHLT ES SICH FAST AN, ALS WÜRDE ICH MIT MIR SELBST REDEN, UND DAS IST ECHT GUT.

„Und in San Diego noch nicht, Don? Ich hoffe ja echt auf San Diego. Wissen Sie, wieso, Don? Weil der Richter, der mir in dem Trump-University-Fall fünfundzwanzig Millionen abgezogen hat, dieser Mexikaner, in San Diego sitzt. Wenn der bei den Terror-Migranten gegen uns entscheidet, beweist das, dass er schon damals voreingenommen war, weil die Mauer seine Leute am Reinkommen hindern wird."

„Wir haben ein Problem mit der amtierenden Generalstaatsanwältin", sagte Don zu mir. „Sie will uns nicht vor Gericht verteidigen."

„Die Obama-Frau, die erst letzte Woche hier war und wollte, dass ich Mike Flynn rausschmeiße? Wow, der ist die Macht nach zehn Tagen im Job ja schon ganz schön zu Kopf gestiegen."

„Eigentlich ist Yates schon seit 27 Jahren im Staatsdienst, Mr. President."

„Ach, dann ist sie verbeamtet, Dienst nach Vorschrift, Opportunistin, mit 200 000 im Jahr zufrieden. Ich rufe sie an und schmeiße sie persönlich raus. Übrigens, Don, ist Befehlsverweigerung nicht strafbar, wenn es um die nationale Sicherheit geht? Ich meine schon." Trump delegiert, aber Trump kann die Sache auch selbst in die Hand nehmen, wenn's drauf ankommt. Und außerdem würde ich dann zum ersten Mal als Präsident „Sie sind gefeuert!" sagen können. Darauf warten die Leute überall auf der Welt doch nur. Ich schaltete die Sprachaufzeichnung in meinem Handy ein, wie ich es im Moment oft mache, und stellte das Festnetztelefon auf Lautsprecher, weil ich das auf jeden Fall aufnehmen wollte. Aufregend! „Alles klar, sag dem Mädchen draußen, sie soll mich mit dem Justizministerium verbinden."

Er sagte, ich sollte sie besser nicht anrufen. Na schön. Aber dann kam mir die Idee, den Rausschmiss von unserem kleinen PR-Mann im Weißen Haus übernehmen zu lassen, den ich nicht mal mit Namen kenne. Aber er soll einen Brief schreiben, sagte ich, Zustellung per Express – eiskalt, aber mit Stil. Außerdem auch eine schöne Szene, wenn sie den Brief liest und ihr die Tränen kommen, vielleicht lässt sie ihn auf den Boden fallen und stolpert leicht, während sie sich die Hände vors Gesicht hält und anfängt zu weinen.

Die Pressemitteilung übernahm ich persönlich. Ich diktierte und ließ Hope Hicks, meine tolle und wunderschöne junge Chefin für Strategische Kommunikation, per Hand mitschreiben, was ich liebe. „Okay“, sagte ich, „‚die Anführung amtierende Abführung, Anführung Generalstaatsanwältin Abführung, die im Grenzschutz sehr, sehr schwach und in der Migrantenfrage auch sehr, sehr schwach ist, hat ihre Arbeitgeber, Präsident Trump und das amerikanische Volk, in einer völlig illoyalen Weise hintergangen.‘“ Don, Hope und ich einigten uns darauf, „illoyal“ besser wegzulassen, weil es eigentlich dasselbe wie „hintergehen“ heißt, und dass das „schwach“ und mindestens ein „sehr“ aber drinbleiben mussten. Also machten wir es so. *Ich* bin der Präsident.

Ich muss sagen, nach diesem anstrengenden Wochenende, den Protesten, dem Rechtsstreit, dem Golfverzicht, fühlte ich mich endlich mal wieder gut. Was für Amerika besser ist, als wenn sich der Präsident nicht so gut fühlt. Ich hatte einen Lauf. Nachdem ich jemandem geschadet habe, der mir geschadet hat, bin ich gern nett zu jemandem, der nett zu mir war, also beschloss ich, Richter Gorsuch anzurufen und ihm zu sagen, dass er den Sitz im Verfassungsgericht bekommen würde, und das ganz ohne noch mal in seine Akte zu gucken. So was mache ich aus dem Stegreif. Grundkurs *Management*.

„Hey, Richter Gorsuch. Ach, ich meine natürlich Richter Gorsuch vom Verfassungsgericht der Vereinigten Staaten – Sie sind eingestellt!“ Er wohnt draußen in den Rocky Mountains, also sang ich dazu die erste Strophe von *Rocky Mountain High*.

Er lachte leise. „Haben Sie vielen Dank, Mr. President. Ich bin Ihnen ausgesprochen dankbar und fühle mich zutiefst geehrt.“

Reince kam ins Oval gerannt. Er sah noch nervöser aus als sonst.

„Hey, Neil“, sagte ich, „Sie haben zwanzig tolle Kerle aus dem Rennen geworfen! Und die Frauen schließe ich mit ein, drei oder vier waren dabei. Und mehrere Minderheiten. So wie ich bei meiner Kandidatur siebzehn Leute geschlagen habe, wissen Sie, die ganzen Gouverneure und Senatoren und Dr. Ben Carson, ich habe sie alle geschlagen. Und Ihre zwanzig Konkurrenten haben keine Fernsehspots bezahlt und solche furchtbaren, unwahren, unfairen Sachen über Sie gesagt, oder? Und dann habe ich achtzehn inklusive Hillary geschlagen. Ich werde Sie nicht fragen, für wen Sie gestimmt haben, Richter."

„Das weiß ich zu schätzen, Mr. President."

„Aber Sie haben doch für mich gestimmt, oder, Neil?"

Er lachte.

„Nur Spaß", sagte ich. „Sarkasmus."

Er lachte wieder. Ich baute eine Beziehung zu einem Typen auf, den ich für die nächsten vier bis acht Jahre auf meiner Seite brauchte – denn offenbar kann nicht mal ein Präsident diese Typen feuern, nicht mal die, die er selbst angeheuert hat.

„Hahaha", lachte ich. „Wobei ich Sie als guten konservativen Republikaner kenne, also gehe ich mal ganz im Ernst davon aus, dass Sie zu meinen Wählern in Colorado gehören, auch wenn wir in Colorado angeblich verloren haben, und dabei wollen wir es belassen. Ich meine, Hillary haben Sie ja wohl nicht gewählt, oder? Nicht einer, der so sehr hinter der Verfassung steht wie Sie und Abtreibung so sehr hasst. Witzige Geschichte: Die First Lady kommt aus Slowenien, und als wir verlobt waren und ich ihr gesagt habe, mein Anwalt wollte, dass sie einen Ehevertrag unterschreibt, war sie ganz verwirrt – sie hat den Unterschied zwischen ‚*lawyer*' und ‚*liar*', Anwalt und Lügner, nicht verstanden. Und wie ich weiß, ist Mrs. Gorsuch aus, äh …"

Don McGahn hob ein Buch hoch, auf dem ich eine Südstaatenflagge zu erkennen glaubte.

„… aus dem Süden. Ich war mal mit einem Mädel aus dem

Süden verheiratet, hat nicht funktioniert, aber tolle Leute da unten. Letzten November habe ich im Süden so unfassbar viele Stimmen geholt, das wissen Sie vielleicht, Werte über fünfzig Prozent."

Don schüttelte den Kopf und zeigte auf meine Churchill-Büste.

„Wobei Mrs. natürlich aus England ist, Südengland, weiß ich natürlich, da, wo London ist, was sie da drüben als ‚Süden' bezeichnen. Meine Mutter kam aus Schottland. Es heißt, ich wäre gegen Ausländer, aber drei von meinen vier Großeltern und zwei von meinen Frauen waren Ausländer! Übrigens kannte ich Prinzessin Diana, war kurz mit ihr zusammen, schönes Mädchen, fantastische Haut, wirklich traurig. Und wie ich höre, ist Mrs. Gorsuch auch eine sehr gute … na ja, Sie wissen schon …"

Reince setzte sich jetzt aufrecht hin, legte die Hände in den Schoß und hüpfte auf dem Stuhl auf und ab.

„… eine sehr gute, sehr attraktive Frau, da, wo's drauf ankommt, nachts, gibt einem das Gefühl, ein richtiger Mann zu sein, das ist so wichtig." Reince sah jetzt aus, als würde er gleich anfangen zu weinen; später fand ich heraus, dass sie eine leidenschaftliche Reitsportlerin ist. Aber ich erzähle das, weil es ein fantastisches Beispiel dafür ist, warum ich so erfolgreich bin – ich bin blitzschnell, kann improvisieren, halte den Ball in der Luft, lasse mich nicht aus der Bahn werfen.

„Aber wissen Sie, Neil – darf ich Sie Neil nennen, Neil? Sie sind ja nicht nur konservativ und klug, Columbia, Harvard … Wir lieben die Elite-Unis, oder? Ich habe in Wharton und an der University of Pennsylvania studiert. Was mir auch gefällt, ist, dass Sie sowohl Katholik als auch Protestant waren und sich dann für den Protestantismus entschieden haben. Ich bin auch Protestant. Denn ohne irgendwem zu nahe treten zu wollen, aber beichten? Nein, danke. Nicht ohne meinen Anwalt. Nur Spaß. Aber toll ist auch, dass Sie so jung sind, Neil, fast der Jüngste auf meiner Liste, was für das Verfassungsgericht so wichtig ist. Und ehrlich gesagt sehen Sie auch toll aus, nicht bloß die weißen Haare, schneidig, wie Pence, Sie sehen einfach echt gut aus, Neil, viel besser als die anderen alle. Ein Richter wie aus dem Bilderbuch! Tolle Stimme auch, muss ich sagen – wie ein Nachrichtensprecher aus der guten alten Zeit."

„Danke, Sir, das freut mich."

„Sie könnten eine Radiosendung moderieren, das ist mein Ernst, eine der besten Stimmen in der gesamten Regierung. Und Gorsuch, das ist doch deutsch, was ich auch liebe – ich bin quasi Deutscher, darum liebe ich die Deutschen."

„Wie ich Ihnen leider schon bei unserer ersten Begegnung sagen musste, Mr. President, sind die Gorsuchs der englische Zweig unserer Familie."

> **„ICH BIN AUCH PROTESTANT. DENN OHNE IRGENDWEM ZU NAHE TRETEN ZU WOLLEN, ABER BEICHTEN? NEIN, DANKE. NICHT OHNE MEINEN ANWALT."**

„Nein, tut mir leid, das ist ganz klar deutsch. Eins noch, Neil, was diese sogenannten Richter in Seattle und sonst wo angeht, die bezüglich der Einreisebestimmungen gegen uns entscheiden – Sie kennen die doch bestimmt? Und ab morgen sind Sie für die doch der absolute Superstar, stimmt's? Na ja, vielleicht könnten Sie ein paar von diesen Typen anrufen und ihnen sagen, dass Ihnen persönlich sehr, sehr viel daran gelegen wäre, dass sie richtig entscheiden – wahrscheinlich sagen Sie am besten einfach nur ‚richtig' und belassen es dabei."

Aber Traditionen, sagte er, Vorschriften, Rechtsstaatlichkeit, blablabla. „Natürlich, das verstehe ich absolut", sagte ich. „Ich respektiere Ihre Antwort.“ Mir war klar, dass er bestimmt gemerkt hatte, dass wir das Gespräch aufzeichneten. Schlau.

Eine Stunde später saß ich oben im Hauptgebäude, ohne Anzug, barfuß, Coke, Doritos – „Netflix and Chill“, wie Ivanka dazu sagt –, und fragte mich, ob es wohl okay wäre, Rodrigo zu bitten, mir die Zehennägel zu schneiden. Und auf einmal sehe ich das ganze Gerede auf Twitter: Gorsuch, Gorsuch, Gorsuch. Ich ließ Reince und Hope wieder antanzen. Dann tauchten Bannon und Kellyanne auf, und Jared kam bald hinterher. Erstaunlich, wie das immer läuft: Man bestellt einen, und schon kommt die ganze Mannschaft.

EINE STUNDE SPÄTER SASS ICH OBEN IM HAUPTGEBÄUDE, OHNE ANZUG, BARFUSS, COKE, DORITOS – „NETFLIX AND CHILL“, WIE IVANKA DAZU SAGT.

„Die Endrunde im Verfassungsgericht gerät außer Kontrolle“, sagte ich zu ihnen, als alle im Oval versammelt waren. „Wenn alle schon im Voraus wissen, dass Gorsuch der Sieger ist, schaltet morgen keiner mehr ein. Glaubt mir.“

Keiner wusste, was wir machen sollten. Ich musste es selbst in die Hand nehmen.

„Also, der Zweitplatzierte, der, den wir abgestraft haben, weil er ein bisschen zu nett zu den illegalen Einwanderern aus Zentralamerika war …?“

„Richter Hardiman“, sagte Don.

„Genau, Hardiman. Der hat mir übrigens leidgetan – dieser Name, man weiß genau, dass ihm die anderen Kinder früher die Hölle heißgemacht haben, Hardiman hat ‘nen Harten und so. Aber der sitzt in Pittsburgh, das sind vielleicht fünf Stunden mit dem Auto, oder?“

„Mr. President“, sagte Don McGahn, „Sie wollen, dass Richter

Hardiman eigens nach Washington fährt, um herauszufinden, dass er nicht nominiert wird?“

„Nein! Nicht den ganzen Weg. Kellyanne und Sean lassen alle Reporter im Glauben, dass er noch im Rennen ist, sie bauen sich morgen vor seinem Haus auf, er kommt raus und fährt vielleicht eine Stunde Richtung Osten, geht Mittagessen oder was auch immer, nur um mir einen Gefallen zu tun. Aber die Medien glauben, er ist auf dem Weg nach D. C. zu einem letzten Gespräch mit mir und dem Showdown mit Gorsuch. Sie werden denken: ‚O mein Gott, Trump macht eine Folge *Celebrity Apprentice* aus der Sache.‘“

★ ★ ★ ★ ★ ★ ★ ★ ★ ★ ★ ★ ★

Die Zeremonie, bei der ich Gorsuch zum Sieger erklärte, war fantastisch, hier im Weißen Haus in dem Raum mit den extrahohen Decken, den Säulen und den Kronleuchtern – Rodrigo sagt, viele von den Mitarbeitern nennen ihn jetzt schon Trump Hall. „Wow“, habe ich zu ihm gesagt, „das ist ja großartig, im Südlichen Weißen Haus gibt es nämlich den offiziellen Donald-J.-Trump-Ballsaal, komplett aus Gold.“ Ich war toll, das sagten buchstäblich alle, und ich hörte ein paar Leute sagen, jetzt wo ich die zusätzlichen Pfunde aus dem Wahlkampf verloren und wieder mein Kampfgewicht hätte, hätten Gorsuch und ich fast wie Zwillinge ausgesehen, als wir nebeneinander standen, abgesehen von seinen weißen Haaren natürlich. Gorsuch hat sich übrigens auch ganz gut geschlagen.

Direkt nach der Zeremonie war ich auf dem Weg nach oben, als mich mein Stabschef und mein Chefstratege zur Seite nahmen – Reince wirkte aufgeregt, aber Bannon lächelte.

„In Denver wurde gerade ein Wachmann erschossen", sagte Reince. „Von einem Islamisten."

„Traurig. Aber echt gut für unseren Einreisestopp, richtig?" Bannon nickte. „Reince, haben Sie schon Kellyanne und Sean angerufen? Das ist wie damals, als einen Monat vor den ersten Vorwahlen die Sache in San Bernardino passiert ist. Da kam meine politische Agenda erst so richtig in Schwung. Woher kommt dieser Terrorist?"

„Ein Amerikaner", sagte Reince. „In Texas geboren."

„Ja", sagte Bannon, „‚Joshua Cummings'. Könnte tatsächlich ein Weißer sein."

Das war schlecht. „Aber seine Moslem-Freunde", sagte ich, „die wussten bestimmt alle, was er vorhatte, und keiner hat was gesagt, stimmt's?" Diese Moslems sind wie Gewerkschafter. Eine echte Schande.

Reince schaute auf sein Telefon. „Ehrlicherweise hat seine Moschee ihn beim Heimatschutz gemeldet. Und hier ist ein Foto – der Kerl ist weiß. Das wird die Nachrichten gar nicht interessieren."

„Man kann nicht immer siegen", sagte ich. Womit ich sagen wollte, dass mich der Mord an einem uniformierten Amerikaner zwar tieftraurig machte, der Oberbefehlshaber den Schmerz aber nicht zeigen darf. Immerhin war es nur ein Opfer, nicht wie unter Obama, als so gut wie jeder Terrorist Hunderte von Unschuldigen umbrachte.

IMMERHIN WAR ES NUR EIN OPFER, NICHT WIE UNTER OBAMA, ALS SO GUT WIE JEDER TERRORIST HUNDERTE VON UNSCHULDIGEN UMBRACHTE.

Reince hielt sein Telefon hoch, um uns die CNN-Schlagzeile zu meiner Gorsuch-Zeremonie zu zeigen – „Trump veranstaltet eine tadellose Show". Tadellos, laut CNN.

Tadellos. Ich war – das wurde mir bewusst, als ich später darüber nachdachte – mit anderen Worten unfehlbar, makellos, fehlerlos, einwandfrei. Und sie gaben es zu: Schon an Tag neun oder zwölf oder was auch immer war allen klar, dass die Trump-Regierung perfekt ist.

KAPITEL 10 ★ ★ ★ ★ ★ ★ ★ ★ ★ ★ ★ ★ ★

WIE NEUGEBOREN

Man darf nie die wichtige Lebenslektion vergessen, von der ich weiter oben gesprochen habe – dass die Höhenflüge nie lang dauern. Irgendwas ist immer – eine Fliege in der Suppe, wie mein Vater immer sagte, ein Stinktier beim Picknick, eine Kackwurst in der Bowle, ein Afroamerikaner im Freudenfeuer, irgendein illegaler Einwanderer, der sich auf dem Speicher versteckt. Loyalität war meinem Vater wichtig, und mir ist sie auch wichtig. Gleich nachdem ich Gorsuch einen der tollsten Jobs in Amerika gegeben hatte – nur 244 000 Dollar jährlich, aber keine Zwangspensionierung, also mal vierzig Jahre wären das 10 Millionen, plus Geld für Bücher, Reden, wahrscheinlich Schmiergelder obendrauf und den ganzen Sommer über Urlaub –, da fährt der Kerl auf unsere Kosten nach Washington zurück und fängt an, den Senatoren zu erzählen, er würde meine Kritik an Richtern, die Terroristen nach Amerika hereinlassen, „entmutigend" und „demoralisierend" finden. Ist das zu glauben? Und das an dem Tag, als sich die Richter am schlimmsten Berufungsgericht gegen uns gestellt haben – die Richter aus dem Westen übrigens, wo er selbst herkommt. Ich war sehr, sehr enttäuscht. Extrem enttäuscht. Tatsächlich holte ich Neils Akte wieder aus der Schublade und überlegte schon, eine ausgesprochen interessante Tatsache zu twittern.

Aber dann entschied ich mich dagegen. Weil ich ein netter Kerl bin und Richter Gorsuch eigentlich auf unserer Seite ist und weil ich wollte, dass Amerika siegt. Und außerdem: Er weiß, dass ich weiß, was er 1988 getan hat. Zwischen uns ist also alles gut, da bin ich ganz sicher.

★ ★ ★ ★ ★ ★ ★ ★ ★ ★ ★ ★ ★

Kellyanne sagt, weil ich jetzt schon zwei ganze Wochen als Präsident im Weißen Haus verbracht hätte, wäre es okay, übers Wochenende mal nach Florida zu fliegen. Sind jetzt unterwegs. Ich bin im Oval Office der Air Force One. Das eng ist und nicht oval, aber immerhin gibt es einen großen, neuen Fernseher mit einer fantastischen Fernbedienung, das Neuste vom Neusten. Bald bin ich in Mar-a-Lago und kann endlich wieder mein blasses Gesicht in die Sonne halten, umgeben von Hunderten Clubmitgliedern und all meinen Angestellten, die mir schon so lange die Treue halten – wobei, Rodrigo wird in Zukunft hin und her fliegen müssen, um in beiden Weißen Häusern als Butler zu arbeiten, dem alten in Washington und dem fantastischen im Süden. Mit seinem philippinischen Background müsste er sich hier sehr wohlfühlen, mit den ganzen Palmen, dem Ozean, dem Spanisch und der Hitze und der ständigen Rasenpflege.

Und statt um neun Uhr morgens in irgendeiner Besprechung zu sitzen, bei der alle zeigen wollen, wie ernsthaft interessiert und wie schlau sie sind, werde ich morgen früh im Trump International Golf Club am Abschlag stehen, der siebenundzwanzig Löcher

Wieder eine großartige Golfrunde in meinem fabelhaften Trump International Golf Club in West Palm (übrigens der höchstgelegene von allen Golfplätzen in Florida), während mich ein Berater zur Klimalüge brieft.

hat, von denen keine zwei gleich sind – und der dazu noch der höchstgelegene von allen Golfplätzen in Florida ist, ein fantastischer Platz, habe hier bisher dreimal die Clubmeisterschaften gewonnen. Der Club gehört mir, und er ist bloß zwanzig Minuten vom Südlichen Weißen Haus entfernt, was mir auch gehört. Ich erwähne das, weil es bedeutet, dass Trump International nicht nur der perfekte Ort für alle Amerikaner ist, um Hochzeiten und Firmentreffen zu veranstalten und den Trump-Lifestyle zu genießen, sondern auch der perfekte Ort, um tolle Handels- und Friedensabkommen mit Weltpolitikern zu schließen – Abkommen, von denen die ganzen abgehängten Amerikaner profitieren. Win-win-win.

Außerdem freue ich mich sehr darauf, seit Wochen wieder mal ein Wochenende mit meiner wunderschönen Frau und unserem erstklassigen Sohn zu verbringen, was toll wird, weil ich die beiden sehr vermisse. Die First Lady ist seit der Amtseinführung nicht im Weißen Haus gewesen. Auch weil sie schwer mit den Vorbereitungen für einen neuen Prozess gegen diese furchtbare englische Zeitung beschäftigt war, die schreckliche, bösartige, widerliche, sehr unwahre Lügen darüber gedruckt hat, wie sie früher angeblich ihren Lebensunterhalt verdient hat – Lügen, die sie daran hindern sollten, ein supererfolgreiches und vielseitiges Label zu etablieren: Kleidung, Schuhe, Schmuck, Uhren, Kosmetik, Haar- und Hautpflegeprodukte, Parfum, Peelings und Schlammpackungen, finanzielle Dienstleistungen, Milchersatzprodukte, Antipilzmittel, Haushaltsgeräte, Kfz-Werkstätten und Frühstücksbeutel. Weil sie in den nächsten Jahren eine der meistfotografierten Frauen der Welt sein wird, könnte sie schon mal millionenschwere Deals vorbereiten. Aber obwohl sie so viel um die Ohren hat und eigentlich hauptberuflich unseren fantastischen Sohn erzieht, wird meine Frau in ihrer Funktion als First Lady in elf Tagen zu einem tollen Event ins Weiße Haus kommen. Danach wird sie in der ersten Hälfte meiner Regierungszeit wahrscheinlich alle neun bis elf Tage mindestens einmal in der Präsidentenvilla übernachten.

Am Samstag konnte ich fünf Stunden auf dem Golfplatz verbringen. Wie sich herausgestellt hat, braucht man als Präsident für die Fahrt von Mar-a-Lago über die Brücke am Southern Boulevard zum Trump International bloß eine Viertelstunde. Habe eine siebenundsechzig gespielt, fünf unter par, was ehrlich gesagt ein unglaubliches, ein unvorstellbar gutes Ergebnis ist. Ich fühle mich wie neugeboren. „Meinst du ‚unglaublich' und ‚unvorstellbar' im Sinn von ‚nicht wahr'?", hat mich mein jüngster Sohn gefragt, als ich in den Club zurückkam. Er hat dabei nicht gelächelt, also glaube ich nicht, dass er sich über mich lustig gemacht hat.

KAPITEL 11 ★ ★ ★ ★ ★ ★ ★ ★ ★ ★ ★ ★ ★

HARTE KERLE

Weil die First Lady nicht so oft in Washington sein kann, wie wir es uns beide wünschen, lade ich Ivanka und Jared oft zum Abendessen ins Weiße Haus ein. Heute Abend habe ich sie mit einem ganz besonderen koscheren Steak überrascht.

„Ist das nicht das beste Steak, das ihr je gegessen habt?", fragte ich. „Morgens noch in Nebraska herumspaziert, nachmittags koscher gemacht, abends auf Porzellangeschirr im Weißen Haus serviert. Die Air Force fliegt sie für mich von dem Stützpunkt in Omaha nach Andrews, in einer von ihren C-17 Globemasters. Globemasters!"

„Uuuh, das ist wirklich bio!", sagte Ivanka.

Wenn sie so „uuuh" macht, klingt sie wie die junge First Lady, sehr süß, sehr sexy.

„Wäre es nicht fantastisch, wenn die Air Force auch was von dem Fleisch zum Trump International gleich um die Ecke bringen könnte? Im Steak-Business kennen wir uns ja schon aus, oder? Aber als superexklusive Limited Edition! Muss nicht unbedingt koscher sein. Trump-Globemaster-Eintages-Steaks! Und eine zusätzliche Einnahmequelle fürs Pentagon wäre es auch noch."

Sie lachten. Das ist das Problem, wenn man Präsident ist – für mich jedenfalls. Bei vielen von meinen Ideen denken die Leute, ich würde einen Witz machen. Aber meistens meine ich es ernst. Und manchmal denke ich, sie machen Witze, und dann stellt sich heraus, dass sie es ernst gemeint haben. Als einer mal von dem turkmenischen Präsidenten „Gurbanguly Berdimuhamedow" gesprochen hat, habe ich laut gelacht und „Pssst!" gemacht, weil ich dachte, die Gesinnungspolizei würde das als „rassistisch" bezeichnen. (Den Typen gibt's wirklich und Turkmenistan auch.) Aber wenn ich sage, ich meine es ernst, gucken mich immer alle so komisch an – oder sich gegenseitig, wenn sie glauben, ich würde es nicht merken.

BEI VIELEN VON MEINEN IDEEN DENKEN DIE LEUTE, ICH WÜRDE EINEN WITZ MACHEN. ABER MEISTENS MEINE ICH ES ERNST.

„Weißt du, was ich meine, Dad?" Ivanka hatte das Thema gewechselt.

„Worauf zur Hölle willst du hinaus, Vanky-Panky?" Sie hatte etwas Komisches über Steve Bannon gesagt. Er würde sie an meine zweite Frau, ihre erste Stiefmutter, erinnern. Steve ist genau wie Marla, sagte sie, er kommt aus dem Süden, flirtet gern, sah früher mal echt gut aus und hat's im Showbusiness nie richtig geschafft. Und genau wie in Marla hätte ich mich ein bisschen in Steve verguckt, aber nicht auf die schwule Art, und darum hätte ich mich offiziell von seinen Vorgängern getrennt und mich mit ihm zusammengetan.

„Steve ist hundertmal schlauer als Marla", sagte ich. „Ich glaube, sein IQ liegt irgendwo zwischen 200 und 225, er ist mathematisch und sprachlich hochbegabt. Und Marla trinkt nicht, im Gegensatz zu gewissen Exfrauen und Beratern im Weißen Haus."

Aber damit begann eine sehr ernsthafte Diskussion zwischen

Ivanka, Jared und mir über Steve Bannon. Der jetzt übrigens viel öfter in den Medien auftaucht, seit ich ihn in den Nationalen Sicherheitsrat gesetzt und ihm den speziellen Platin-VIP-Pass mit Zugang zu allen Bereichen gegeben habe. (Seitdem ist endlich Schluss mit seinem Gerede von wegen „Während des Kalten Kriegs habe ich im Pazifik an Bord der USS Forster gedient.") Die entsprechende Anordnung habe ich übrigens an diesem anstrengenden Wochenende inmitten von dem ganzen widerwärtigen Flughafen-Durcheinander unterschrieben, das Steve und sein Team überrascht hatte, als Jared nicht kommen konnte, weil er den Krabat oder was auch immer so streng einhält. Laut Jareds „Analysten" wurde über Steve jetzt schon so viel berichtet wie über Karl Rove im ganzen ersten Jahr von Bush, also mehr als über irgendeinen anderen Strategischen Berater im Weißen Haus in der gesamten Geschichte. Das gibt einem doch zu denken. Bannons Büro im West Wing liegt übrigens genau neben dem von Jared, und außer im Oval und dem Kontrollraum sind die Wände im West Wing nicht besonders dick.

Dabei fiel mir etwas ein. „Vanky", sagte ich, „gute Nachrichten: Ich habe Reince das offizielle Okay gegeben – du bekommst das Büro im West Wing, das du wolltest, direkt über mir. Ist das nicht toll?"

„Uuuh, danke", sagte sie und warf mir einen Kuss zu. Ich fing ihn auf und steckte ihn in den Mund.

Rodrigo kam herein und räumte das Geschirr ab. „Lass die fantastischen Steaks nicht verkommen, die diese beiden Gesundheitsfreaks übriggelassen haben – pack sie dir ein! Vielleicht kannst du Anthony auch was abgeben, wenn er noch da draußen Wache steht – vorausgesetzt, er ist noch nicht in Rente gegangen!"

Anthony ist noch jung, aber ich habe herausgefunden, dass er und hundert andere von den Afroamerikanern im Secret Service gerade wegen „Diskriminierung“ durch die Regierungen mit ungefähr einer Viertelmillion pro Nase dafür entschädigt wurden – nicht durch uns, durch andere, inklusive der Clinton-Regierung. Darüber haben die Zeitungen natürlich nie berichtet. Und wer hat diesen 24-Millionen-Dollar-Scheck auf dem Weg nach draußen unterschrieben? Obama natürlich. Ich habe Anthony gefragt, ob er schon ein Spitzenmodell von Cadillac im Auge hat, den Escalade oder so – ein Freund von mir aus Miami, Ed Irgendwas, großer Trump-Unterstützer, ist nämlich der zweitgrößte amerikanische Cadillac-Händler, und ich könnte da was für Anthony drehen. Aber Anthony meinte, er würde deutsche Autos bevorzugen. Ich wette, Obama fährt einen Audi. Viele wissen nicht, dass Agenten wie Anthony 142 000 Dollar verdienen, 160 000 mit Überstunden. Ernsthaft! So viel wie ein General! Fast so viel wie ein Senator! Wow. Ich meine, gut für Anthony und die ganzen glücklichen Afroamerikaner in Amerika. Aber wow.

ICH WETTE, OBAMA FÄHRT EINEN AUDI.

★ ★ ★ ★ ★ ★ ★ ★ ★ ★ ★ ★ ★

Steve ist ein harter Typ, Ire, wirklich tough. Tough finde ich gut. Mike Flynn ist Ire, auch tough und so, aber eben auf diese verrückte irische Art, die jederzeit von einer Sekunde auf die andere in wilden Irrsinn umschlagen kann. Sean Spicer ist Ire und auch ein richtig harter Kerl. So, wie die kleinsten Kinder in irischen Familien, die dicken, die viel gehänselt und verprügelt werden. Kellyanne ist Irin, auch sehr tough. Sie ist am Tag der Amtseinführung fünfzig geworden. Phänomenaler Körper, wenn ich ehrlich bin. Und da sind vier Kinder rausgekommen, quasi letzten

Monat, sie hat kleine Kinder. Kellyanne wird hinter ihrem Rücken „Faltenfratze“ genannt, was echt nicht nett ist, und kommt schon, Leute, die Frau ist fünfzig Jahre alt. Übrigens hat mich Ivanka daran erinnert, dass meine Frau auch noch während meiner ersten Amtszeit fünfzig wird – sie meint, wir sollten eine große Geburtstagsparty organisieren. Die First Lady war achtundzwanzig, als wir uns kennengelernt haben. Damals meinte sie, ich wäre wie dieser eine Gott aus der slowenischen Sagenwelt oder ihrer Religion oder was, der tonnenweise Gold hat und ein Gewehr, das nie vorbeischießt, und eine magische Geige, die alle zum Tanzen bringt. Das hat mich so scharf gemacht! Wow. Wie die Zeit vergeht.

Aber zurück zu dieser irischen Härte, die ich liebe, bis zu einem gewissen Grad sogar bei Frauen. Reince ist ein guter Typ, höflich, intelligent, netter Kerl, versucht sein Bestes, aber er ist nicht das, was man als harten Kerl bezeichnen würde. Sean genauso – nett, gehorsam, rackert sich ab, um über die Runden zu kommen, kein Loser, wie manche meinen, aber auch nicht gerade Mr. Tough. Ivanka ist sehr tough – insgeheim ist sie sogar eine toughere Ausgabe von mir, weil sie sich viel besser verstellen kann als ich: Sie macht einen auf nett, so niedlich, so weiblich, so liberal und was weiß ich – und zack, macht sie einen eiskalt fertig. Bei Jared ist es ähnlich. Zu Chris Christie war er so lange so was von nett, bis er ihn schließlich hintergangen hat wie ein kaltblütiger Auftragskiller. Aber die meisten Juden sind so, selbst die, die mit dem silbernen Löffel im Mund geboren werden. So wie Jareds Vater, ein echt harter Hund, den

IVANKA IST SEHR TOUGH – INSGEHEIM IST SIE SOGAR EINE TOUGHERE AUSGABE VON MIR, WEIL SIE SICH VIEL BESSER VERSTELLEN KANN ALS ICH.

Chris Christie in Alabama eingebuchtet hat, weil er einen miesen Verräter erpresst hatte (der zufällig sein Schwager war), indem er ihm eine Nutte auf den Hals hetzte. Ich werde keine Einzelheiten erzählen, obwohl sie wirklich großartig sind. Es war eine traurige Zeit für Jared.

In Familien kommen die Starken und die Schwachen oft im Doppelpack. Ich bin zum Beispiel tough, und meine Schwester, die brillante Verfassungsrichterin, ist auch tough, aber meine zwei Brüder – der, der eigentlich das Geschäft von meinem Vater hätte übernehmen sollen, und der andere, der Pferde züchtet oder was weiß ich – sind keine sehr toughen Typen. Die Toughen können auch im Dreierpack kommen, so wie bei den Kindern aus meiner ersten Ehe – Ivanka (scharf), Don Junior (mittelscharf) und Eric (mild). Oder die drei Kennedy-Brüder, JFK, Bobby und Teddy, wobei da der Verlierer irgendwann von allen respektiert wurde, weil er so lang lebte. Ivanka meint immer, Hauptsache ausgewogen und harmonisch. Kann schon sein. Aber harte Kerle sind mir trotzdem lieber.

KAPITEL 12 ★ ★ ★ ★ ★ ★ ★ ★ ★ ★ ★ ★ ★

LUFT NACH OBEN

Der japanische Premierminister war seit vierundzwanzig Stunden zu Besuch, aber jetzt war ich zum ersten Mal wirklich mit ihm alleine.

„Shinzō", sagte ich, „was halten Sie eigentlich von Reince Priebus?"

Wir hatten in dem wunderschönen Trump International Golf Club in Jupiter, Florida, ungefähr eine halbe Stunde vom Südlichen Weißen Haus entfernt, gerade das erste Loch gespielt (Viereinhalb-Meter-Birdie für mich, Par-4 für ihn).

Premierminister Abe verstand die Frage wohl nicht.

„Meinen. Stabs. Chef", erklärte ich. Der Dolmetscher übersetzte – wobei man sich da nie ganz sicher sein kann, oder? „Der Typ gestern im Weißen Haus", sagte ich, „klein, schütteres dunkles Haar, bisschen wie ein Japaner, wenn ich so drüber nachdenke, flitzt immer so durch die Gegend. Reince Priebus? Was meinen Sie, guter Mann?"

Herr Abe machte immer noch einen verwirrten Eindruck, so wie am Abend davor, als ich ihm erzählt hatte, dass mein Vater Deutscher gewesen war, richtig in Deutschland gezeugt, ich wäre also nicht sauer auf Japan wegen des Zweiten Weltkriegs. Einer, der mit uns gegolft hatte, meinte hinterher, Abe hätte auf das mit Priebus vielleicht komisch reagiert, weil er dachte, ich wollte mich über seinen japanischen Akzent lustig machen, darüber, wie die das „r" aussprechen. Das wollte ich gar nicht, aber im Nachhinein war es zugegeben ziemlich lustig. Ich war das ganze Wochenende über sehr präsidentiell, total „würdevoll". Als wir am Samstagmorgen Golf spielen waren, machte ich zum Beispiel keinen von den üblichen Männersprüchen über den kurzen Abstand zwischen dem ersten und dem zweiten Loch oder darüber, wie klein das zweite Loch und wie schwer das Einlochen ist. Der Dolmetscher hätte das bestimmt eh nicht rübergebracht.

Stattdessen redeten wir über wichtige Dinge. Zu den Handelsbeziehungen erzählte ich dem Premierminister eine Geschichte. Auch wenn er mich nicht bloß eine Woche nach meinem unglaublichen Wahlsieg im Trump Tower besucht hätte, sagte ich zu ihm, und auch wenn er mir damals keinen erstklassigen, in Japan gefertigten goldenen Golfschläger für 4000 Dollar geschenkt hätte, wäre er wahrscheinlich trotzdem mein erster politischer Gast aus dem Ausland gewesen. Er lächelte. Er war undurchschaubar – das haben die so an sich –, aber ich war mir sicher, er hatte verstanden, was ich ihm damit sagen wollte.

„Shinzō", fuhr ich fort, „Sie müssen doch Leute mit Wohnungen im Trump Waikiki kennen, oder? In Honolulu? Nein? Wunderschöne Wohnanlage mit 463 Eigentumswohnungen und einem Hotel direkt am Strand, dem bekanntesten Strand der Welt. Die meisten von den Eigentümern sind Japaner! Ist genau gegenüber von Pearl Harbor, direkt auf der anderen Seite der Bucht, aber wie gesagt, Schwamm drüber! Jedenfalls habe ich mich immer gefragt, warum die Trump Organization nie was in Tokio bauen konnte.

Handelsbarrieren! Ich habe übrigens gehört, dass meine Tochter Tiffany einen Prius fährt. Ach ja, und ich zahle auch aus eigener Tasche Ihre Platzgebühr für heute und Kost und Logis im Mar-a-Lago für gestern und heute. Geht alles aufs Haus! Kein Interessenkonflikt! Auf die Freundschaft!"

Wir führten eine lange Diskussion – darüber, dass Amerika jetzt Japan unser Erdgas kaufen lässt; dass wir für den riesigen Stützpunkt auf Okinawa zahlen, der sie schützt und ihre nordkoreanischen Nachbarn daran hindert, sie zu atomisieren; dass der Mar-a-Lago-Club von der American Academy of Hospitality Sciences, die die Oscars an Hotels und Restaurants vergibt, den begehrten Six Star Diamond Award bekommen hatte, die allerhöchste Auszeichnung, höher als die normalen „fünf Sterne". Am Ende der achtzehn Löcher war Premierminister Abe locker geworden, und Japan und die Vereinigten Staaten waren vielleicht, ja wahrscheinlich engere Verbündete als jemals zuvor in der Geschichte.

Meine ersten vierundzwanzig Stunden mit einem ausländischen Spitzenpolitiker als Präsident Trump waren schon ein gigantischer Erfolg. Und es wurde sogar noch besser. Um neunzehn Uhr im Mar-a-Lago-Club, der Uhrzeit, die wir in all unseren Hotels und Golfclubs und in all meinen Häusern als The Trump Golden Hour™ bezeichnen, betrat ich den wunderschönen Innenhof des Hotels – und die gesamte Menge aus gewöhnlichen Amerikanern erhob sich und applaudierte, Mar-a-Lago-Clubgäste genauso wie Mar-a-Lago-Clubmitglieder, die alle ihre individuell zusammengestellten Menüs aus der wirklich multikulturellen Küche verspeisten – kontinental, neuweltlich, klassisch und neukaribisch. Premierminister Abe und seine Frau (und meine Frau, die First Lady) waren sehr beeindruckt von den Standing Ovations – und wahrscheinlich auch überrascht, wegen der verlogenen Trump-Berichterstattung in den Medien. Man kennt das von den Broadway-Shows, wenn der große Star zum ersten Mal die Bühne betritt und das Publikum durchdreht und klatscht, bevor er überhaupt irgendwas macht oder sagt. Genau so war das. Und das Publikum im Mar-a-Lago Club wusste noch gar nichts von der ganz besonderen, fantastischen Live-Show, die sie bald ohne Aufpreis erleben würden.

Direkt nachdem wir uns zum Essen hingesetzt hatten – Clubsteak für mich, Fisch für unseren japanischen Freund (natürlich) –, rief mich jemand auf meinem Präsidententelefon an, dem Handy, das auf eine ganz besondere, sehr intensive Art vibriert. Es war der Verteidigungsminister in Washington – er sagte, bloß ein paar Minuten vorher hätte Nordkorea eine Rakete abgefeuert … auf Japan! Ich saß genau zwischen Herrn und Frau Abe. Sie sprechen zwar beide nicht besonders gut Englisch, aber ich wollte auf gar keinen Fall, dass sie erfahren, dass gerade ihr Land zerstört wird, indem sie mich mit Mad Dog am Telefon hören.

ICH WAR AUCH SUPERAUFGEREGT, WEIL ES ANSCHLIESSEND ZU EINER FANTASTISCHEN SZENE WIE AUS ANGRIFFSZIEL MOSKAU ODER DEEP IMPACT KAM.

„Mad-Jim“, sagte ich leise, „haben die, Sie wissen schon, die … oreaner-kibus okiotibus, erbombt-zibus?“

Nein!, sagte er, eigentlich schrie er es fast, es wäre nur ein Raketentest gewesen, ohne Sprengkopf, und die Rakete wäre im Ozean gelandet.

„Also machen wir einfach gar nichts, oder? Fantastisch. Puh.“

Ich war erleichtert – mein brillanter Wissenschaftler-Onkel vom MIT hatte mir erklärt, dass Atomwaffen richtig schlimm sind, das Schlimmste, Atomwaffen wollen wir wirklich nicht, obwohl wir schon immer die besten Atomwaffen hatten – eine vertrackte Situation. Aber ich war auch superaufgeregt, weil es anschließend zu einer fantastischen Szene wie aus *Angriffsziel Moskau* oder *Deep Impact* kam, als Theater-Adaption, mit mir, Trump, in der Rolle des Oberbefehlshabers – trotzdem konnte ich die Show einfach genießen. Ich überbrachte Premierminister Abe die Nachricht, und dann standen nur wir beide im Mittelpunkt des Geschehens, der amerikanische und der offensichtlich fremdländische Führer, die mit Informationen versorgt werden, Landkarten studieren, nickend ihren Dolmetschern zuhören. Unsere Leute liefen herum, schoben Stühle und Kerzen hin und her, holten spezielle LED-Taschenlampen heraus, sagten Sachen wie „Schussrichtung", „PACOM" und „Kampfgeschwader". Ich liebte es, wie Abe zu Flynn „Genelal-oh Fwyn-oh" sagte, aber Mike war so aufgeregt, dass er den Moment nicht genießen konnte, was mich ein bisschen traurig machte. Außerdem fand ich es ein bisschen übertrieben, als Steve mir ins Ohr flüsterte: „Marine-Offizier Bannon meldet sich zum Dienst, Sir", und im Lauf des Abends wurde sein Gesicht so rot, dass ich dachte, er kriegt einen Herzinfarkt. Alle im Restaurant guckten zu, und man spürte die Aufregung – sie dachten wahrscheinlich, wir würden in Nordkorea einmarschieren! Für das nächste Telefonat mit Washington konnte ich den Raum im Mar-a-Lago benutzen, der zu einem speziellen Hightech-Bunker umgebaut worden war, gegen alle möglichen Signale und Strahlen abgeschirmt – darin ist man praktisch unsichtbar. Als sich die Stimmung im Innenhof wieder beruhigte, sagte ich dem Oberkellner, der Klavierspieler sollte das Thema aus *Mission: Impossible* und die ursprüngliche James-Bond-Titelmelodie spielen, was den Abend noch besser machte. Am Schluss gab ich noch eine kleine Pressekonferenz mit Abe, und dann hatten wir die Sache im Kasten, wie wir im Showbiz sagen, total präsidentiell und souverän.

Leider war die gesamte mediale Berichterstattung eine einzige komplette und totale Lüge. Erstens: Wir hatten einen Krieg mit Nordkorea vermieden, oder? Darüber schrieb keiner. Zweitens: Was wollen die politischen Beobachter und Reporter angeblich immer? Transparenz! Offenheit! So wie meine unfassbar beliebten, frei zugänglichen Tweets, wie mein tolles Einstellungsgespräch mit Romney in einem fantastischen öffentlichen Restaurant, wie meine Pressekonferenzen mit den höchsten Zuschauerzahlen aller Zeiten – die Art und Weise, wie ich mit dieser Open-Air-Nordkorea-Krise im Mar-a-Lago umgegangen bin, war vielen Historikern zufolge die größte Demonstration von Transparenz und Offenheit in der Geschichte der amerikanischen Außenpolitik.

Am nächsten Morgen wollte der Premierminister nicht mehr Golf spielen, was ich nachvollziehen konnte (sein Ergebnis vom Vortag ist geheim, aber es war dreistellig, bei achtzehn Löchern), also erinnerte ich ihn noch einmal daran, wie er beim nächsten Mal den Schläger halten sollte. „Und eins noch, Shinzō – was halten Sie eigentlich von meinem Nationalen Sicherheitsberater, General Flynn?"

Er lächelte, zuckte mit den Schultern und ließ den Zeigefinger dreimal um sein Ohr kreisen. Ich hob den Daumen und sagte ihm, der Vizepräsident würde sich auf jeden Fall bei ihm melden, um die Einzelheiten von den Handelsabkommen und so weiter zu besprechen. „Sayonara, Shinzō", sagte ich, aber dann fiel mir plötzlich ein, dass man das nur sagen soll, wenn man sich nie wieder sieht, also setzte ich gleich nach: „Und nächstes Mal treffe ich Sie auf halber Strecke im Trump Waikiki – geht wieder aufs Haus!"

Schon mein Vater hat immer über mich gesagt: „Immerhin ist er schnell im Kopf, der verlogene kleine Scheißer." Meine Mutter sagte dann immer, er hätte es liebevoll gemeint.

★ ★ ★ ★ ★ ★ ★ ★ ★ ★ ★ ★ ★

Auf dem Rückflug nach Washington kam Bannon für eine Weile ins Mini-Oval und guckte sich mit mir die Berichte über mich, den bedeutendsten Spitzenpolitiker der Welt, an. Während sie in den Nachrichten über Flynn und Russland redeten, freute ich mich, dass Mike so viel Spaß daran gehabt hatte, in Mar-a-Lago Mr. Military zu spielen, und ich musste an die Szene in *Der Pate* denken, wo Michael Corleone Tom Hagen fragt: „Wo steht geschrieben, dass man keinen Polizisten erschießen kann?" Corleone erklärt ihm: „Es ist nichts Persönliches, es geht nur ums Geschäft." Und auch an die Szene, wo Michael sagt, dass Fredo ein gutes Herz hat, aber schwach und dumm ist, und dass es um Leben und Tod geht.

Ich sehe in Bannon meinen Tom, Robert Duvalls Figur in *Der Pate* – ein Typ wie ich, wie wir, nützlich, aber kein Teil der Familie. Aber dann zog Steve plötzlich seine Gedankenlesernummer ab, was ziemlich unheimlich sein kann. „Mr. President", sagte er, „ich bin mir mit Flynn in vielen Punkten einig, aber er ist schwach und dumm, und es geht hier um Leben und Tod, und wo steht denn geschrieben, dass man einen Nationalen Sicherheitsberater nicht nach zweiundzwanzig Tagen feuern kann?" Mike hat es immer geliebt, Trumps Kumpel sein zu dürfen, mein Handlanger beim Wahlkampf, aber wie Jared und Ivanka zu Recht festgestellt hatten, kannte ich ihn erst seit einem Jahr. „Mike", sagte ich am nächsten Tag zu ihm, „es ist fürchterlich, was Ihnen die Fake-Medien angetan haben, diese widerwärtigen und ganz bestimmt erlogenen Geschichten über Sie und die Russen und das alles, aber der Mike, den ich nicht feuern kann," – so nennt Bannon Pence – „sagt, Sie hätten ihn wegen Ihrer Plaudereien mit Sergei und so weiter angelogen. Aber ich muss Ihnen sagen, Mike, Sie waren mir in diesen mehr als drei Wochen im Weißen Haus eine große, große Hilfe, eine wirklich sehr große." In dem Moment sah er Fredo so ähnlich. Auch wenn ich ihn nicht wirklich „umbringen" ließ und er weder mich noch die Familie verraten hatte. Noch nicht. Glaube ich jedenfalls. „Ich werde über Sie twittern, okay, ich werde ein paar ungeheuer nette Tweets über Sie absetzen. Sie wissen ja, ich bin ein großer Fan von Loyalität. Der größte."

Tatsächlich konnte ich das schon am nächsten Morgen beweisen, gleich nach dem morgendlichen Sicherheitsbriefing im Oval, bei dem wir ein paar schlimme Terrorakte verhindert hatten – ich, Mad Dog, General Kelly, Jeffy, der Vizepräsident, der FBI-Direktor und noch ein paar andere. Im Anschluss an das Meeting bat ich den FBI-Direktor, noch kurz dazubleiben und auf dem Gästesessel direkt vor dem offiziellen Präsidentenschreibtisch Platz zu nehmen. Grundkurs *Management.*

„James", sagte ich, als wir alleine waren, ganz respektvoll, weil er bestimmt einer von den Typen ist, die es nicht leiden können, wenn man sie Jim nennt, so wie die, die darauf bestehen, „Stephen" oder „Gregory" statt Steve oder Greg genannt zu werden – solche Weicheier. „Schnappen Sie sich die Informanten, okay? Informanten hassen wir beide, oder? Schnappen Sie sich alle Informanten und stecken Sie sie in den Knast, ich zähle auf Sie, James. Aber was Mike Flynn angeht, ja, er hat vielleicht einen Fehler gemacht, wir haben uns von ihm getrennt, okay, aber wir müssen ihn nicht mit Al Neri im Ruderboot auf den See rausschicken, oder?"

Comey begriff nicht, was ich ziemlich merkwürdig fand. Vielleicht stellte er sich auch bloß dumm, um mich in Verlegenheit zu bringen, denn sollte nicht gerade ein FBI-Direktor *Der Pate* kennen, wenigstens die ersten beiden Teile?

COMEY BEGRIFF NICHT, WAS ICH ZIEMLICH MERKWÜRDIG FAND. VIELLEICHT STELLTE ER SICH AUCH BLOSS DUMM.

„Ich will damit Folgendes sagen, James", sagte ich. „Ich hoffe wirklich, dass Sie die Sache fallenlassen können und nicht gegen Flynn ermitteln müssen. Er ist ein guter Kerl. Ich hoffe wirklich, sie können das beenden, James. Wirklich."

Comey machte wieder einen auf nervösen alten Schulleiter und kam mir mit dem üblichen Blabla von wegen Vorschriften und so weiter, garniert mit diesem Sorry-aber-ich-bin-anständig-Lächeln, das mir immer so auf den Sack geht. Entschuldigung für meine Ausdrucksweise.

KAPITEL 13 ★ ★ ★ ★ ★ ★ ★ ★ ★ ★ ★ ★ ★

DIE SOGENANNTE RUSSLAND-AFFÄRE

Ivanka und Jared haben mich gestern unabhängig voneinander gefragt, ob sie mal lesen könnten, was ich bis jetzt geschrieben habe.

„Nein, erst wenn's fertig ist", sagte ich. „Vor dem Herbst kriegt es keiner außer mir zu lesen. Deiner Stiefmutter und ihren ‚Beratern' habe ich das Gleiche gesagt."

Als ich der First Lady gesagt hatte, sie könnte es nicht lesen, dachte sie, ich hätte gemeint, sie würde es nicht kapieren, weil ihr Englisch nicht gut genug ist. Darüber musste ich lachen, und darauf sagte sie dann, dass ich sie mein Buch nicht lesen lasse, würde sie daran erinnern, dass ich mich auch nicht vor ihr ausziehe. Eine ganz normale kleine Kabbelei zwischen Mann und Frau, aber ich hatte ihr schon verziehen, bevor sie am Sonntagabend zurück nach New York flog. (Übrigens finde ich es viel, viel romantischer, sich im Dunkeln bettfertig zu machen. Dunkelheit ist romantisch. Ich habe mal mit Hugh Hefner darüber geredet, und er war genau meiner Meinung – und er war immerhin Hugh Hefner!)

„Ich glaube", sagte Jared, „du solltest Russland in dem Buch mit Samthandschuhen anfassen."

„Darüber brauchst du dir keine Gedanken machen", sagte ich zu ihm. „Ich habe mit McGahn [meinem Anwalt im Weißen Haus] darüber geredet. Mir ist vollkommen bewusst, dass ich als Präsident ungeachtet aller Informationen, die ich verbal oder in schriftlicher Form teile, nicht meine Amtsimmunität aufgebe, die mich davor schützt, vor dem Kongress oder jedweder Art von Gericht oder Tribunal Informationen oder Aufzeichnungen preiszugeben, die in der Zukunft erfragt oder unter Strafandrohung verlangt werden könnten. Das ist mir bewusst, Jared."

„Gut", antwortete er.

„Eigentlich erwähne ich die Russen in dem Buch fast gar nicht. Nur wenn ich Frieden mit ihnen schließe."

„Prima", sagte Jared. „Wunderbar. Das freut mich. Ivanka wird sich auch freuen. Alle werden sich freuen. Denn wir haben ja schon darüber gesprochen – wenn du diese erfundenen Beschuldigungen nicht erwähnst, dann denkt die Nachwelt, denken die Leute, die dein Buch in zehn oder zwanzig Jahren lesen, dass da nichts dran war. Und es ist ja auch nichts dran."

„Klar. Ist mir bewusst. Kommen kaum Russen vor im Buch. Vielleicht ein einziges winzig kleines Kapitelchen. Vielleicht auch nicht. Hab mich noch nicht entscheiden. Wir werden sehen."

Aber er hatte die „Nachwelt" erwähnt. Das hier ist Geschichte. Ich kann das nicht ignorieren. Wenn ich Russland oder Putin komplett rauslassen würde, dann würden die Medien und die Historiker sagen: „Ah, guckt mal, Trump hat was verschwiegen, er war eine Marionette, er hatte Angst." Habe ich nicht, kein bisschen. Eigentlich ist es eher umgekehrt: Die anderen verheimlichen alles, die anderen sind Marionetten, die anderen haben Angst.

Darum will ich die Gelegenheit nutzen, um alle Fakten auf den Tisch zu legen. Nicht in einem Tweet. Nicht in einer spontanen Antwort bei einer Pressekonferenz mit den Fake-Medien, die es sowieso nur auf mich abgesehen haben. Hier in diesem Buch.

Ja, der bei seinem Volk unheimlich beliebte und seinen Feinden gegenüber sehr toughe russische Präsident hat ein paarmal gesagt: „Trump ist ein Genie." Was die armseligen Demokraten und die widerlichen Fake-Medien ausgenutzt haben, um mit dem ganzen Russland-Gerede anzufangen, nachdem sie die Wahl verloren hatten, obwohl die wissen, dass ich Putin überhaupt nicht kenne. Bevor ich Präsident wurde, habe ich kein einziges Mal mit Putin geredet. Ich habe in Russland keine Deals am Laufen, keine Investitionen, ich war bloß während der tollen Miss-Universe-Wahl 2013, die dort stattfand, mal ein paar Tage da. Für die ganzen Geschichten gibt es keinerlei Beweise, das sind alles bloß von irgendwelchen schmierigen politischen Funktionären erfundene Fakten, allesamt nicht nachgewiesen und nicht nachweisbar. Das Ganze ist ein riesiger Schwindel, komplett erfunden, zu einhundert Prozent fake. Paul Manafort und Mike Flynn, die da unten offenbar irgendwelche Deals einfädeln wollten, waren kurz in den Wahlkampf involviert und in Flynns Fall auch kurz für die Regierung tätig, sehr, sehr kurz, absurd kurz – weil ich sie beide gefeuert habe, und ich bin fast sicher, dass ich diesen Deppen Carter Page nie getroffen habe, diesen Schwächling, der ständig ein Grinsen im Gesicht hat wie der schlechteste Lügner aller Zeiten. Ich finde es auch komisch, wie viele prominente Russen dieses Jahr gestorben sind, ungefähr einer pro Woche, unter anderem auch der Geschäftsmann, den ich weiter oben erwähnt habe,

ICH FINDE ES AUCH KOMISCH, WIE VIELE PROMINENTE RUSSEN DIESES JAHR GESTORBEN SIND.

der Verwandte von meinem persönlichen Anwalt, dieser Alex oder Ivan oder so – Ukrainer, kein Russe, aber trotzdem. (Mein Secret-Service-Mann Anthony sagt, ich soll mir keine Gedanken machen, aber er will mal schauen, ob man in den Küchen vom Weißen Haus und Mar-a-Lago vielleicht Geigerzähler anbringen kann.) Was auf jeden Fall schrecklich ist, sind diese widerlichen Informanten aus dem „nachrichtendienstlichen Umfeld“, die sich aufführen wie die Geheimpolizei früher in Russland oder Nazideutschland. Die müssen verfolgt und weggesperrt werden.

Übrigens, selbst wenn ich alle paar Tage über das berühmte „rote Telefon“, den heißen Draht vom Oval Office zum Kreml, mit Putin ein supergeheimes Privatgespräch führen wollte, was bestimmt toll wäre, könnte ich das gar nicht. Es gibt nämlich gar kein rotes Telefon! Sehr enttäuschend. Ich frage mich, ob diese Geheimdienstleute es nur wegen der angeblichen Russland-Affäre vor mir versteckt haben, so wie mein Vater immer seine geheimen Unterlagen weggeschlossen hat – von denen er dann immer behauptete, es wären meine „Adoptionspapiere“ und „IQ-Test-Ergebnisse“, um mich auf Trab zu halten. Aber Ivanka und Jared haben es bestätigt – es gibt gar kein rotes Telefon, bloß eine spezielle E-Mail-Verbindung, die vom Militär als MOLINK bezeichnet wird – das ist die Abkürzung für *Moscow Link*. Als ich fragte, ob sie oft benutzt wird, sagte der Colonel, der mich herumführte, sie wäre jahrelang nicht benutzt worden, bis Obama letztes Jahr an Halloween eine Nachricht an Putin geschickt hätte: dass er es als Kriegshandlung auffassen würde, wenn die Russen sich in die Präsidentschaftswahl einmischen. Ich war sicher, dass er einen Witz machte, mich aufzog, den Neuankömmling ein bisschen veralbern wollte. (Aber Ivanka hat in ihrem Wikipedia nachgeguckt – es stimmt! Ist es nicht erstaunlich, was die Demokraten für eine

Angst hatten, dass ich siege? Und wie sie sich schon im Voraus diese erlogene Russland-Affäre für ihre Niederlage zurechtgelegt haben?) Dabei ist das MOLINK nicht mal im Oval Office – es ist unten im Kontrollraum und führt von dort zum Pentagon und von dort aus nach Russland. Es ist also wirklich wie bei meinem Vater, der seine Sachen weggesperrt hat und sogar die Autoschlüssel immer in der Hosentasche hatte.

Das ist eigentlich alles, was ich zu Russland zu sagen habe. Außerdem will ich dieser ganzen Sache nicht zu viel Aufmerksamkeit schenken, weil ich mich als Präsident mit viel, viel wichtigeren Dingen zu beschäftigen habe.

KAPITEL 14 ★ ★ ★ ★ ★ ★ ★ ★ ★ ★ ★ ★ ★

EIN PRÄSIDENT MIT SUPERKRÄFTEN

Als ich die Trump Organization geleitet und zu einem Global Player gemacht habe, laut vielen Experten zu einem der größten weltweit, wäre keinem von meinen leitenden Angestellten auch nur im Traum eingefallen, mich blöd dastehen zu lassen. Und damit meine ich nicht bloß meine angestellten Kinder – ich meine auch die Leute ohne Trump-Gene. Warum müssen mich meine Leute jetzt, wo ich Präsident bin, andauernd in aller Öffentlichkeit hinterfragen? Vor allem die Generäle, die ich für die nicht-generalmäßigen Jobs angeheuert habe – die ich eingestellt habe, weil ich dachte, bei denen dreht sich alles um Loyalität, strenge Hierarchien, unbedingten Gehorsam, jawohl, Sir. Wieso gibt der Heimatschutz dann einen falschen Bericht über das Einreiseverbot für terroristische Migranten heraus, wo steht, dass „die Staatszugehörigkeit wohl kein zuverlässiger Indikator für potenzielle terroristische Aktivitäten" wäre? Wenn ich ankündige, dass wir die wirklich bösen Hombres in so einer Art perfekten Militäroperation zurück nach Mexiko deportieren, wieso

muss mein Heimatschutz-General dann sagen: "Das Militär wird dabei nicht zum Einsatz kommen"? Schon bevor ich Politiker wurde, war eins der obersten auslandspolitischen Trump-Prinzipien: Wenn man in den Irak einmarschiert, dann nimmt man beim Rückzug gefälligst das ganze Öl mit!
Wenn mein Verteidigungsminister also nach Abu Dhabi fliegt, wieso muss er dann sagen: „Wir sind nicht im Irak, um irgendjemandem sein Öl wegzunehmen"? Und auf derselben Reise erzählt er, wir würden den Iran-Deal nicht platzen lassen, wie von mir angekündigt, weil „wir unsere Versprechen halten und mit unseren Verbündeten zusammenarbeiten müssen". Kaum hatte ich ihn eingestellt, kroch Mad Dog in alle möglichen Ärsche, nur nicht in meinen. Wenigstens hat mir Mike Flynn nie widersprochen – aber sobald ich General McMaster Flynns alten Job gebe, macht er einen auf Hillary und erzählt, „islamistischer Terror" wäre kein netter Ausdruck. Wieso?

WENN MAN IN DEN IRAK EINMARSCHIERT, DANN NIMMT MAN BEIM RÜCKZUG GEFÄLLIGST DAS GANZE ÖL MIT!

★ ★ ★ ★ ★ ★ ★ ★ ★ ★ ★ ★ ★

Als Geschäftsmann war ich nie wie andere Geschäftsmänner. Ich war vor allem viel, viel erfolgreicher als neunundneunzig Prozent von denen, aber hat sich jemals irgendwer beschwert, ich wäre nicht „geschäftsmäßig" genug gewesen? Nein, abgesehen von ein paar Nichtskönnern und Blendern, deren absurde Rechnungen ich nicht zahlen wollte. Ich war auch nicht wie die anderen Leute im Abendprogramm, die jedes Wort ablesen und deren Shows nicht fünfzehn Jahre am Stück laufen, und keiner hat je behauptet, ich wäre kein großer Star. Jetzt bin ich Präsident – aber weil ich

Exklusive Vorschau auf das neue Logo des Weißen Hauses.

anders bin als alle anderen Präsidenten seit Lincoln, beschweren sich die Kritiker, die Hater, die angeblichen Eliten und die Fake-Medien, ich würde mich nicht „präsidentiell" verhalten. Was für eine Beleidigung das ist. Ehrlich gesagt ist das fast schon Rassismus.

Natürlich beweise ich ihnen immer wieder das Gegenteil. Ich kann sehr wohl präsidentiell sein. Als ich meine erste große Rede vor dem Kongress gehalten habe und meine Teleprompter-Bildschirme mit dem hüpfenden elektronischen Ball ausgestattet worden sind (meine Erfindung, schon beim Patentamt eingereicht), dachte jeder: „Ach, guckt mal, er hat gesagt: ‚Unsere Kinder werden in einem Land der Wunder aufwachsen!' Trump ist so präsidentiell, ein echter Macher, er ist großartig!"

Also. Niemand anders kann so sein wie ich! Und wenn ich mich die ganze Zeit „präsidentiell" verhalten würde, würde ich meine Superkräfte verlieren, so wie Superman, wenn überall im Weißen Haus Kryptonitstaub in der Wandfarbe wäre – es würde nicht reichen, um ihn zu töten, aber es würde ihn schwächen und einen normalen Menschen aus ihm machen. Wenn ich mich die ganze Zeit „präsidentiell" verhalten würde, dann würden die Presse und die Hater so tun, als würden sie mich weniger hassen, aber die Leute, die Trump wirklich lieben, würden anfangen, ihn weniger zu lieben. So sieht's nämlich aus.

Es heißt, meine Tweets wären „unangemessen". Gemeint ist damit, dass Präsidenten nicht unverblümt die Wahrheit sagen sollen, so wie ich es tue – über die betrügerische und widerwärtige Hillary, über den idiotischen Obama, über die illegale Wahl, über die illegalen Informanten, über die ekelhaften Fake News und ihre Verschwörung gegen mich. Wie gesagt, es ist einfach, sich „präsidentiell" zu verhalten, auch auf Twitter: Wenn ich will, kann ich tagelang auf Großbuchstaben verzichten und total positiv und nett sein. Wenn ich will.

Aber ich bin nicht blöd. Ich sehe, was die Demokraten und die Medien im Schilde führen, wenn sie so was sagen wie: „Guckt mal, jetzt benimmt er sich mal wie ein Präsident." Damit wollen sie mich bloß auf ihre Seite ziehen, mich rumkriegen, mich zu ihrer Marionette machen. Sie wollen, dass ich den Ball aus den Augen verliere – die Bälle, Mehrzahl, als Präsident muss man so viele Bälle in der Luft halten, wichtige Bälle. Nach meiner großen Rede vor dem Kongress sollte ich zum Beispiel vergessen, dass sie Jeff Sessions gezwungen hatten, nach der Russland-Affäre wegen „Befangenheit" zurückzutreten. Aber ich bin nicht darauf reingefallen. Stattdessen habe ich mein Telefon genommen und die Wahrheit getwittert. Und ihnen gezeigt, wer der Präsident ist!

Ich will nicht lügen. Nach meiner großen Rede vor dem Kongress fühlte ich mich einen Tag lang wie der Größte. Manche meinten, es wäre die beste Rede gewesen, die jemals in diesem

Raum gehalten wurde. Ein Hole-in-One, ein Grand-Slam-Homerun, so als würde man mit Ursula Andress aus *Dr. No* und Prinzessin Diana gleichzeitig rummachen. Ich hatte ein paar von diesen kranken Hatern überzeugt, dass ich Respekt verdiene.

Aber das waren die gleichen Leute, die Jeff Sessions immer wieder zum Rücktritt zwingen wollten, wodurch Comey und das FBI völlig außer Kontrolle gewesen wären – am Tag nach der Rede vor dem Kongress rief ich ihn darum an, also Comey. Ich gab mich ganz nett, ganz respektvoll. „Mr. President", sagte er, „ich kann Ihnen nicht sagen, ob gegen Sie ermittelt wird." Das bedeutete für mich nein, aber ich fragte extra noch mal nach, weil er ein gerissenes Schlitzohr ist. Als ich ihm noch mal sagte, wie wichtig Loyalität für jede Art von Organisation ist, vor allem für die Regierung, spielte er nicht mehr mit. Und am nächsten Tag trat Jeff dann zurück. Was ein Fehler war, weil er dadurch schwach und schuldig wirkte. Wer weiß, vielleicht hat er wirklich Mist gebaut.

An dem Nachmittag, an dem Jeff zurücktrat, gönnte ich mir im Keller des West Wing gerade einen Snack (Hähnchen-Crossies) – „Frustfressen" sagt Ivanka immer dazu –, als Mike Pence vorbeikam. Hatte länger nicht mit ihm geredet, also ließ ich richtig Dampf ab, sagte zu ihm, ich hätte nicht übel Lust, jemandem wehzutun. Er lächelte und nickte wie die Väter früher in den Fernsehserien, die immer so nach fake aussahen, oder wie der eine „nette" Ausbilder, den wir auf der Militärakademie hatten. „Nun, Mr. President", sagte er, „in der Not frisst der Teufel Fliegen." Ich hatte keine Ahnung, worauf er hinauswollte, also stand ich auf und sagte: „Amen, Mr. Vice President", was Mike immer glücklich macht.

★ ★ ★ ★ ★ ★ ★ ★ ★ ★ ★ ★ ★

Ich spare mir präsidentielle Energie für wichtige präsidentielle Entscheidungen auf, indem ich im Weißen Haus mit dem Golf Kart One fahre, sooft es geht. Die First Lady, die inzwischen 47 ist (kein Tippfehler), hält ihre Figur lieber in Form, so gut es bei einer 47-Jährigen eben geht.

Jetzt, wo ich schon seit über zwei Monaten im Weißen Haus wohne, weiß ich endlich, was unter anderem problematisch daran ist, abgesehen davon, dass es mir nicht gehört. Im Trump Tower brauche ich vielleicht neunzig Sekunden vom Penthouse zur Zentrale der Trump Organization, direkter Weg, schneller Aufzug, fantastisch, fast so, als könnte ich mich vom Schlafzimmer ins Büro beamen. Im Weißen Haus ist es ein verdammter Hindernislauf von meiner Wohnung zur Arbeit. Der Privataufzug ist klein, langsam und altmodisch, europäisch, aber nicht auf die schöne Art. Viele wissen vielleicht nicht, dass der West Wing, wo das Oval

Office liegt, ein ganz eigenes Gebäude ist, ungefähr einen halben Block entfernt, und wenn man draußen durch diesen Säulengang geht, kann es extrem windig werden, was ärgerlich ist, wenn man gerade viel Zeit mit Haarspray und kämmen und so weiter verbracht hat. Da kann nichts Gutes bei rauskommen.

Letztes Wochenende in Washington habe ich darum mit meinem afroamerikanischen Secret-Service-Mann an einer visionären Lösung gearbeitet. Wir haben einen neuen Arbeitsweg für den Präsidenten geplant, die spezielle Trump-Route. Jetzt fahre ich also jeden Morgen in Washington, nachdem ich meine sieben Streifen knusprig gebratenen Bacon – meine amerikanische nichtmuselmanische Version von Obamas sieben Mandeln am Tag – gegessen und *Fox & Friends* und in der Werbepause die erfolglosen anderen Sendungen auf den anderen Kanälen geguckt habe, mit dem Aufzug ganz nach unten in den Keller, wo ich direkt in einen Kleiderschrank steige – der aber in Wirklichkeit der Eingang zu einem langen unterirdischen Tunnel zum West Wing ist. (Er wurde direkt vor Clintons Ernennung gebaut. Ich habe gehört, er soll Monica da runtergebracht haben, mein Agent Anthony soll mal seine älteren Kollegen fragen, ob Hillary ihn nicht für ihre eigenen krummen Dinger benutzt hat.) Ganz am Ende vom Tunnel führt eine Treppe nach oben zu einer geheimen Schiebetür, die sich automatisch öffnet – und da bin ich dann, genau zwischen meiner Toilette, die zum Oval gehört, und dem Oval selbst, total perfekt frisiert, bereit, Präsident zu sein. Auf diese Weise anzukommen fühlt sich nämlich sehr, sehr präsidentiell an. Wir überlegen noch, im Tunnel Musik laufen zu lassen, so was wie die

WIR ÜBERLEGEN NOCH, IM TUNNEL MUSIK LAUFEN ZU LASSEN, SO WAS WIE DIE TITELMELODIE VON MISSION: IMPOSSIBLE.

Titelmelodie von *Mission: Impossible*, oder ein Laufband einbauen zu lassen wie an Flughäfen, was toll wäre, dann könnte ich jeden Morgen auf dem Weg zur Arbeit noch mehr twittern. Genauso nach Feierabend auf dem Rückweg, so wie jetzt, wo ich gerade aus dem Oval komme – schönen Abend noch, meine schöne Hope! – und meiner Mitzi dieses Buch diktiere.

Ich habe wahrscheinlich noch gar nicht erwähnt, dass ich meinem Handy einen Namen gegeben habe. Das war neulich abends, nachdem ich Ivanka und Jared in ihrem neuen Haus besucht habe. (Zur Miete, fünf offene Kamine, schlichte Einrichtung, ganz nach ihrem Geschmack, sehr guter Deal, der Besitzer kommt aus Chile, ist aber Milliardär, so wie ich, und hat große Bergbaufirmen hier, also liebt er Amerika.) Mir fiel auf, dass Jared irgendwem Befehle zurief, aber die Babysitter und die Köchin waren nirgends zu sehen. „Wer ist denn Alexa?" Scheinbar ist das ihr Amazon-Computer – so wie Siri in den ganzen Apple-Handys und Cortana in Sean Spicers Telefon. Der Schreibtisch im Weißen Haus hat auch einen Namen, „Resolute", also beschloss ich, dass das Telefon des Präsidenten auch einen besonderen Namen brauchte. Ich habe mich für „Mitzi" entschieden. Das ist ein M-Wort, so wie die ganzen Secret-Service-Codenamen für Trump, und außerdem hieß so auch das erste Mädchen, das ich geküsst habe. Sie meinte, ich hätte Mundgeruch, und nach der achten Klasse zog sie dann entweder nach Manhattan oder starb, ich weiß nicht mehr genau, aber – oha, Steve! Hast du mich erschreckt!

Ich bin gerade durch den geheimen „Kleiderschrank" in den Keller gekommen, und da stand Steve Bannon. Er und die zwei anderen Iren – General Kelly und Don McGahn – wollen mit mir ein Männerwochenende in Mar-a-Lago verbringen. Wilbur Ross soll auch mitkommen; er ist Katholik und hat in den letzten paar

Jahren halb Irland ge- und wieder verkauft. Hey, und da ist ja auch mein fantastischer Koscherer Steve, der auch mitkommen soll – so nenne ich Steve Miller, der früher für Sessions und auch bei *Breitbart* für Steve gearbeitet hat. Er ist wie Jared in gruselig, aber auf eine tolle Art, auf die Roy-Cohn-Art, er hat sogar Roys Augen.

Ich habe gerade etwas sehr, sehr Schlimmes herausgefunden. Wie genau ich es erfahren habe, kann ich nicht sagen. Aber ich bin Präsident, also bekomme ich viele geheime Sachen gesagt, sehr wichtige Geheimnisse, oft schreckliche Geheimnisse. Ich habe gehört, die erfolglose *New York Times* hätte dieses Geheimnis vor sechs Wochen aus Versehen gelüftet, und auf *Breitbart* ist gerade eine ausführliche Zusammenfassung erschienen. Wow.

KAPITEL 15 ★ ★ ★ ★ ★ ★ ★ ★ ★ ★ ★ ★ ★

DAS AMERIKANISCHE VOLK KENNT DIE WAHRHEIT

Die Vögel fangen an zu zwitschern. So viele Vögel in Palm Beach.

Die Sonne ist noch nicht aufgegangen.

Was ich gestern erfahren habe, hat mich so verstört, dass ich schlecht geschlafen habe, schlechter als sonst, nur drei Stunden statt vier oder fünf.

Die Kinder und die First Lady wird das nicht freuen. Aber sie sind nicht hier. Und heute ist Samstag, also sind Vanky und Jared wegen Schmabbat bis heute Abend raus.

Und wenn ich es der Welt nicht mitteile, wer macht es dann? Wie gestern in der Air Force One irgendwer gesagt hat, ist es unter anderem mein Schicksal, Amerikas erster Whistleblower im Amt zu sein.

„Obama ließ letzten Herbst Trump Tower abhören. Mein Büro! Mein privates Schlafzimmer! Hat aber nichts gefunden, weil's

NICHTS ZU FINDEN GAB. Sieg war nicht zu verhindern! Wie einer in der AF One sagte: Das ist McCarthyismus!“

Muss vierundachtzig Zeichen kürzen. Und Tweet.

Ich sehe die Sonne.

„Wenn ein GEHEIMGERICHT deine ‚Wanzen‘ verbietet, obwohl du amtierender ‚Präsident‘ bist, Obama, ist es ziemlich sicher ILLEGAL, einen Kandidaten vor der Wahl trotzdem zu ‚verwanzen‘! WIDERWÄRTIGER NEUER TIEFPUNKT!“

Wahrscheinlich sollte ich seinen Namen besser nicht nennen. Ivanka und die First Lady werden das hassen. Außerdem ist es noch dreiundsiebzig Zeichen zu lang. Okay, kürzen. Und Tweet.

Die Sonne ist aufgegangen. Ich fühle mich ein bisschen besser. Und ich weiß, dass es mir noch besser gehen wird, wenn ich ihn doch beim Namen nenne.

„Was Präsident Obama gemacht hat, war widerwärtig und unerhört – während unserem hochheiligen Wahlprozess meine privaten, persönlichen Telefone verwanzen. Viel, viel schlimmer als Nixon & Watergate. Sehr übler (oder SEHR KRANKER) Typ!“

Zurechtfeilen, kürzen … und Tweet, zack, peng.

Wenn man auf Twitter so viele Follower hat wie ich, ist es großartig, die „Likes“ und „Retweets“ hereinkommen zu sehen, wie ein Tweet hochgepusht wird, wie eine Live-Wahl mit hundert Stimmen pro Minute. Ehrlich gesagt vergesse ich darüber manchmal die Zeit und merke irgendwann, dass eine halbe Stunde vergangen und die Besprechung mit dem Nachrichtendiensttypen oder wem auch immer auf einmal vorbei ist. Das meint Tiger Woods wahrscheinlich, wenn er davon redet, „im Flow zu sein“.

Jetzt fühle ich mich viel, viel besser.

Auf der Toilette sehe ich noch eine wichtige Meldung, auf die ich dringend reagieren muss – Arnold Schwarzenegger behauptet jetzt, er hätte als Moderator von *The New Celebrity Apprentice* aufgehört, weil die Sendung zu viele „Altlasten" aus der Vergangenheit mit sich herumträgt. Der Präsident der Vereinigten Staaten ist eine „Altlast"?! So was von unhöflich und unpatriotisch, vor allem von einem Einwanderer, der ohne irgendeine Art von Sicherheitsüberprüfung Amerikaner werden durfte, obwohl sein Vater ein Nazi war. Ich muss der Welt mitteilen, dass Arnold wegen der Einschaltquote gefeuert wurde.

Ich weiß, die Hater und Politikbeobachter werden mich jetzt angreifen, weil ich Arnold angegriffen habe, unmittelbar nachdem ich aufgedeckt habe, dass Obama schwere Gesetzesverstöße begangen hat und möglicherweise geisteskrank ist – sie werden sagen, die Einschaltquote wäre nicht so „wichtig" wie die Aufdeckung dieses schrecklichen verdeckten Angriffs auf unseren Wahlvorgang. Darauf habe ich drei verschiedene Antworten: Erstens geht es beide Male um die Wahrheit, und Präsident Trump ist nun mal der Ansicht, dass das amerikanische Volk die Wahrheit verdient. Zweitens muss jeder Präsident ein erstklassiger „Multitasker" sein, wie Ivanka sagt, und sich von einer Minute auf die andere mit komplett unterschiedlichen Problemen auseinandersetzen können – um dann auch mal abzuschalten, indem er sich um Punkt neun Uhr mit ein paar Abschlägen im Trump International Golf Club in West Palm Beach den Kopf durchpustet. Und drittens … Morgen, Anthony, was läuft? … Die dritte Antwort fällt mir später wieder ein.

PRÄSIDENT TRUMP IST NUN MAL DER ANSICHT, DASS DAS AMERIKANISCHE VOLK DIE WAHRHEIT VERDIENT.

Heute Morgen habe ich eine neunundfünfzig gespielt, eins meiner besten Ergebnisse überhaupt. Zwei Hole-in-Ones, einer davon bei einem Par-4-Loch, die meisten anderen Birdies und Eagles, was so unglaublich ist, fast schon, wie sagt man da – übernatürlich. Hat mir zu denken gegeben: Ich glaube, die ganzen Gebete von Millionen und Abermillionen von Christen in ganz Amerika funktionieren wirklich. Ich würde Mike Pence fragen, aber dann hört er nicht mehr auf, zu reden. Jedenfalls ist es jammerschade, dass man mir „Angeberei" vorwirft, wenn ich eine Pressemitteilung dazu herausgebe oder mein Ergebnis auch nur auf Twitter teile. Ich glaube, es würde in Amerika für gute Stimmung sorgen – wir sind Sieger! Aber Ivanka und die anderen meinen, ich soll es lassen.

Ich hatte fantastische Laune, als ich heute Abend mit meinem afroamerikanischen Secret-Service-Agenten Anthony in den Mar-a-Lago Club kam. „Was geht ab, Willll-bur?", sagte ich zu meinem Handelsminister Wilbur Ross. Alle am Präsidententisch schmunzelten. „Das sollte doch ein Männerwochenende sein – was haben Sie uns denn da für eine heiße Braut mitgebracht? Die hat ja genau die richtige Größe für Jeff!" Alle lachten laut, auch Mrs. Ross, die tatsächlich Hillary heißt. „Entschuldigt meine Offenheit" – ich flüsterte, aber so laut, dass es alle hören konnten – „aber wer würde es nicht gern mal einer Hillary besorgen?" Entschuldigung für meine Ausdrucksweise, aber sie lachten sich kaputt! Ich kenne Wilbur und Hillary schon seit Jahren. Sie ist seine Dritte. Die meisten von uns haben inzwischen ihre Dritten – ich, Mnuchin (Finanzminister) und Bannon hatte schon mindestens drei. Für fast siebzig sieht Hillary Ross fantastisch aus, eine Acht oder wahrscheinlich sogar eine Neun für ihr Alter – das zeigt übrigens mal wieder, wie nett ich zu Frauen bin:

WER WÜRDE ES NICHT GERN MAL EINER HILLARY BESORGEN?

Ab vierzig bekommen sie von mir einen Altersbonus, so wie beim Golf-Handicap, sehr gerecht von mir.

Ich setzte mich an den Tisch, aber irgendwas fühlte sich falsch an, so als wäre etwas nicht im Gleichgewicht, und dann merkte ich, was nicht stimmte. Ich ließ alle die Plätze tauschen, bis die Reihenfolge so aussah: erst ich, dann ein Glatzkopf (General Kelly), dann wieder einer mit tollen Haaren (Don McGahn), dann einer mit Halbglatze (der Koschere Steve), wieder einer mit tollen Haaren (Steve Bannon), Glatzkopf (Ross), Frau mit schönen Haaren, Jeff Sessions. Ich glaube, Bannon dachte, ich hätte das bloß gemacht, um nicht neben ihm sitzen zu müssen.

DAS ZEIGT ÜBRIGENS MAL WIEDER, WIE NETT ICH ZU FRAUEN BIN: AB VIERZIG BEKOMMEN SIE VON MIR EINEN ALTERSBONUS.

„Hey“, sagte ich, „Angriff ist die beste Verteidigung, oder?“ Wir sprachen darüber, wie ich Obama morgens die Abhöraktion vorgeworfen hatte. Die beiden Steves liebten meine Tweets. Wilbur meinte, der Schwarzenegger-Tweet direkt danach hätte bewiesen, dass ich „nicht obsessiv an der Russlandsache festhalten“ würde. McGahn machte ein bisschen den Spielverderber, er ist Anwalt. Aber die beiden Steves schworen Stein und Bein auf den Verfasser von dem *Breitbart*-Artikel über Obamas Abhöraktion; sie meinten, er wäre ein sehr starker Typ, der Mann ihres Vertrauens, Harvard und Harvard Law School, und es würde mit Sicherheit alle möglichen Beweise geben, vertrauliche Quellen und so was.

„Es stimmt, oder, General Kelly?“, sagte ich zu meinem Heimatschutzminister. „Sie haben doch auch für Obama gearbeitet – wahrscheinlich wurden Sie auch abgehört, als Sie denen wegen Guantánamo aufs Dach gestiegen sind und weil die plötzlich Frauen in die Infanterie aufgenommen haben, oder?“

Kelly zuckte bloß mit den Schultern und lächelte.

„Nun, Mr. President, es ist gut, dass Sie ‚verwanzen' in Anführungszeichen gesetzt haben. Das lässt uns ein bisschen Raum für Interpretationen."

„Richtig", sagte ich. „Ganz richtig, Don. Ein wichtiger Punkt. Ehrlich gesagt benutze ich genau darum so viele Anführungszeichen in meinen Tweets, zum Beispiel bei ‚manipuliert', ‚Kerle' oder ‚böse'. Es verleiht allem mehr Würze und Nachdruck, aber auch Interpretationsfreiheit, ich liebe diese Interpretationsfreiheit."

Bannon lachte, und ich fragte mich, ob er vielleicht glaubte, ich wüsste nicht, was „Interpretationsfreiheit" bedeutet. Steve ist in Ordnung, aber manchmal kann er auch ein ziemlicher Arsch sein.

„Das andere ist", sagte ich, „dass ich noch so viel weiter hätte gehen können. Ich hätte schreiben können, dass Tiffanys iPad so komisch gepiepst hat, als sie sich bei dieser Versammlung in Cleveland dieses große Video von Obamas und Hillarys Freundin Beyoncé angucken wollte. Ich hätte schreiben können, dass auf Barrons Schule ein Lehrer unterrichtet, dessen Vater unter Bush ein hohes Tier bei der CIA war. Ich hätte über die Sache mit dem Fensterputzer schreiben können." Ross und seine Frau wussten offenbar nicht, wovon ich rede. „Am Tag vor der Wahl im fünfundzwanzigsten Stock vom Trump Tower ist da auf einmal so ein Araber genau auf der anderen Seite von der Scheibe, er hat Kopfhörer auf, die über ein rotes Kabel mit irgendwas in seiner Tasche verbunden sind. Anthony hat sich darum gekümmert. Das haben wir nicht an die große Glocke gehängt."

Alle starrten bloß auf ihre Teller. Wahrscheinlich hatten sie Angst, dass irgendein Kellner streng geheime Sachen mitkriegt.

„Hey", sagte ich zu meinem ehemaligen Justizminister, „Du bist ja auf einmal so still. Hast du deine Zunge verschluckt? Nur weil du wegen ‚Befangenheit' von der Wahlkampfuntersuchung ausgeschlossen bist, heißt das ja nicht, dass du nicht darüber reden darfst, stimmt's, Don? Stimmt nicht? Okay, Jeff, halt dir die Ohren zu! Oder noch besser – Hillary, ziehen Sie sich mit dem Justizminister mal ein paar Minuten in eine Cabana zurück und machen Sie einen richtigen Mann aus ihm. Nur Spaß!" Seit seiner Amtsniederlegung habe ich aufgehört, ihn „Jeffy" zu nennen. Grundkurs *Management*. Übrigens, die acht Cabanas am Strand für Mar-a-Lago-Clubmitglieder sind unheimlich nobel.

Don befürchtete immer noch, die Medien und die Demokraten im Kongress könnten „Beweise" verlangen, dass Obama noch Schlimmeres mit mir gemacht hatte als die Russen angeblich mit Hillary und den Demokraten. „Ich habe ihn", sagte ich. „Den Brief, den er mir im Oval hinterlassen hat. Darin gibt Obama alles zu. Und entschuldigt sich dafür."

Dann sagte fünf, vielleicht zehn Sekunden keiner was.

„Ich will ja nicht behaupten, dass er das in dem Brief so geschrieben hat", fuhr ich fort, „nicht so direkt, nicht wie in einer eidesstattlichen Aussage oder so. Aber ich könnte sagen, ich habe den starken Eindruck, dass er es in dem Brief quasi bestätigt hat."

OKAY, OBAMA HAT NICHT GESCHRIEBEN: „HEY, DON, ICH HAB DICH ABGEHÖRT, SORRY."

Don schüttelte den Kopf. „Obama würde das sofort abstreiten."

„Na und?", sagte ich. „Es war ein handgeschriebener Brief. Meinen Sie, er hat ihn fotokopiert? Glaube ich kaum. Und ich sage einfach, ich könnte den Brief wegen der Amtsimmunität nicht zeigen. Nein? Dann weil er privat und vertraulich ist. So wie meine Steuern."

Don schüttelte wieder den Kopf. „Dann würde Obama sagen:

‚Nur zu, Mr. President, Sie haben meine Erlaubnis – zeigen Sie den Brief, den ich Ihnen geschrieben habe.'"

Okay, Obama hat nicht geschrieben: „Hey, Don, ich hab dich abgehört, sorry." Er ist Autor, er ist Anwalt, er ist schlau, er ist gewieft. Aber irgendwann, wenn alle Dokumente archiviert sind, werden die Historiker feststellen, dass er eindeutig gestanden hat.

Meine gute Laune war wie weggeblasen. Wie gesagt, die Höhenflüge dauern nie lang. Irgendwas ist immer. „Tja, Bannon", sagte ich zu ihm, „du hast die Sache losgetreten. Du nanntest es – wie hast du es ausgedrückt – ‚einen Riesenangriff auf die Demokratie', ‚den schlimmsten Amtsmissbrauch aller Zeiten'. Wenn es also ein Problem gibt, dann ist es dein Problem. Du musst Hinweise sammeln, Beweise finden."

★ ★ ★ ★ ★ ★ ★ ★ ★ ★ ★ ★ ★

Ich habe den Morgen wieder mit einer Partie im Trump International Golf Club begonnen. Vier Stunden auf einem von meinen fantastischen Plätzen sind das Beste, was es gibt, wie in einem Traum oder so, wie man sich den Himmel vorstellt.

Heute Morgen war es sogar noch himmlischer als sonst, weil ich noch besser gespielt habe als gestern – siebenundfünfzig, zwei Hole-in-Ones und um ein paar Zentimeter an einem dritten vorbeigeschrammt. Ich glaube, der Weltrekord liegt bei drei, und ich habe Anthony, meinen tollen afroamerikanischen Agenten, gebeten, es auf dem Rückweg nach Mar-a-Lago zu googeln. Übrigens hat Anthony endlich zugegeben, dass er bei der Wahl nicht für mich gestimmt hat, aber er hat geschworen, er hätte auch nicht für Hillary gestimmt; es war das erste Mal, dass er nicht an der Präsidentschaftswahl teilgenommen hat, und ich musste ganz schön schlucken, als ich das gehört habe.

Anthony sieht so toll aus, so fit, so hart, so tough, dass ich beschlossen habe, mein gesamtes Sicherheitsteam mit Afroamerikanern zu besetzen. Das wäre eine totale Win-win-Situation – es würde meinen Ruf als Bürgerrechtler unterstreichen und gleichzeitig allen bösen Jungs, die mich angreifen wollen, eine Heidenangst einjagen. Anthony meinte, es gibt ungefähr dreihundert schwarze Agenten. Es ist ein visionäres Vorhaben, also wird es Beschwerden geben, aber es ist absolut machbar. Aufregend, oder?

Aber zu Hause musste ich mir die ganzen aufgezeichneten Nachrichtensendungen vom Sonntag angucken. Sie waren schlecht, so schlecht, so viel Schwäche auf unserer Seite. Natürlich griffen mich die ganzen Reporter und politischen Beobachter wegen meinen Tweets über Obamas Abhöraktion an. Natürlich traten Obamas Nachrichtendienstchef Clapper – bekloppter Name – und natürlich auch sein demokratischer CIA-Mann Panetta auf, um mich fertigzumachen.

Und die Senatoren, die sie eingeladen hatten, meine verschissenen republikanischen Senatoren aus dem Geheimdienstausschuss, Entschuldigung für meine Ausdrucksweise. Diese unmenschliche Susan Collins sagt, es gibt „keine Beweise", „Trump sollte alle Beweise aushändigen, falls es welche gibt, oder, besser noch, den Mund halten", so was von respektlos. (Reince hat mir übrigens erzählt, dass sie vor vier Monaten zum ersten Mal geheiratet hat, mit sechzig oder so. Wow. Das habe ich noch nie von einer Frau gehört.) Dieser kleine Cotton aus Oklahoma oder so, angeblich ein Konservativer – „Ich habe noch keine Beweise gesehen", „Trumps Tweets ignoriere ich". Und dieser verschissene kleine Marco Rubio (Entschuldigung für meine Ausdrucksweise) – ich twittere was

Nettes über ihn, als er mich anfleht, wieder in den Senat zu dürfen, nachdem ich ihn geschlagen habe; vor zwei Tagen nehme ich ihn in der Air Force One mit nach Florida, besorge ihm aus der Bordküche Salsa für den wunderbaren Shrimp, den er serviert kriegt, und so dankt er mir dafür? Ich habe immer gesagt, dass Marco ein sehr unehrlicher und illoyaler Wicht ist, aber als es um Obamas Abhöraktion ging, war er der Schlimmste, er redete und redete, bei *Meet the Press* und auf CNN –„keine Beweise, niemand kann das bestätigen; habe sonst nirgendwo davon gehört; fragen Sie Trump, er wird es beantworten, er soll es erklären; ich habe die Behauptung nicht aufgestellt". Scheiße, wenn dieser verschissene kleine Versager 2020 gegen mich antritt, reiße ich ihm seinen kubanischen Arsch auf, Entschuldigung für meine Ausdrucksweise. Der kleine spanische Wichser. Noch mal Entschuldigung.

Das amerikanische Volk kennt die Wahrheit. Sie wissen Bescheid. Darum habe ich gesiegt, auch wenn es für einen Republikaner eigentlich unmöglich ist, im Wahlmännergremium zu siegen. Die Leute wissen, dass sich die ganzen Politprofis in Washington vor der Wahrheit fürchten, dass sie sich vor einem fürchten, der das Sagen hat und weiß, wie der Hase läuft, dass sie sich vor mir fürchten. Die Leute hassen die „Elite" sowieso, und jetzt hassen sie sie dafür, dass sie mich als dumm und verlogen dastehen lassen will. Das korrupte elitäre Establishment wird mich nicht dazu kriegen, das amerikanische Volk im Stich zu lassen.

KAPITEL 16 ★ ★ ★ ★ ★ ★ ★ ★ ★ ★ ★ ★ ★

CHINAS GROSSER PLAN

Ich habe Rodrigo einen neuen Titel verliehen: Chefbutler und Sonderberater des Präsidenten für Minderheiten – ist noch geheim, damit uns die Presse nicht in der Luft zerreißt. (Vor der Beförderung habe ich Rodrigo sicherheitshalber noch mal von Anthony, meinem afroamerikanischen Agenten, durchleuchten lassen, und es ist alles paletti.) Rodrigo findet die neue Verfügung zu den extrem gründlichen Sicherheitsüberprüfungen bei der Einreise übrigens nicht „rassistisch". Er ist total dafür. Auf den Philippinen gibt es viele Moslems, was viele nicht wissen, sogar mehr als in Amerika, und sie kamen vor Hunderten von Jahren ins Land, lange bevor man sie anständig durchleuchten konnte. Sie leben alle unten auf den richtigen Dschungelinseln, was viele auch nicht wissen, über 1500 Kilometer vom wunderschönen Trump Tower Manila entfernt, was toll ist, weil es keine Verbindungsstraßen gibt, aber sie sind trotzdem noch ein großes, großes Problem für das Land – keine Bildung, Armut, Gewalt, schlimmer als in Chicago, Aufstände, radikaler Islamismus, Massaker. Bei meinem nächsten „Briefing" werde ich die Nachrichtendienstler darüber informieren. Im Herbst fliege ich zu einem großen Gipfeltreffen mit den ganzen Ländern da unten und treffe den philippinischen Präsident Duty-Free. Duty-Free ist ein sehr eifriger Trump-Unterstützer, sehr tougher Kerl, er bekämpft seine Drogendealer im großen Stil, hat es früher sogar persönlich gemacht. Man nennt ihn den „asiatischen Trump", was zeigt, wie angesagt mein Name jetzt in der Weltpolitik ist. Ivanka findet es in Ordnung, dass sie ihn ohne Lizenzgebühr nutzen, weil sie auf andere Arten zahlen werden, und wahrscheinlich hat sie damit recht.

Aber wo wir schon von den Pazifik- und Inselvölkern reden – Rodrigo meint, man sollte nicht „stereotypisieren", manche sind hell und manche dunkel, manche sind gut, manche böse, manche sind stark, manche schwach. Aber Hawaii hat Amerika heute verklagt, um unsere neue, verbesserte Einreisesperre für terroristische Immigranten zu stoppen. Man bedenke, dass Hawaii Ausland war, bis wir es in Amerika aufgenommen haben, als ich in der sechsten Klasse war – übrigens ungefähr ein Jahr bevor Obama „dort" „geboren" wurde, interessanter „Zufall". Und der hawaiianische Generalstaatsanwalt, der uns gerade verklagt hat, heißt General Chin, ich schwöre es, und der Verfassungsrichter, der sich uns dort in den Weg gestellt hat, ist auch so ein Orientale, Nachname Watson, aber verräterischer zweiter Vorname: Kahala. Vielleicht hätte ich Kim Jong-un erst Hawaii plattmachen und dann von unseren Leuten Nordkorea wegbomben lassen sollen. (Das ist Sarkasmus. Aber es hätte auch wirklich so laufen können. Das ist tatsächlich ein „Szenario", das ich mal von Mad Dog oder einem von seinen uniformierten Generälen gehört habe, ich weiß nicht mehr genau, von wem.) Aber man fragt sich doch: Im Ernst? Der andere Verfassungsrich-

AUF DEN PHILIPPINEN GIBT ES VIELE MOSLEMS, WAS VIELE NICHT WISSEN, SOGAR MEHR ALS IN AMERIKA.

ter, der sich gegen die neuen Sicherheitsbestimmungen gestellt hat, sitzt in Maryland und heißt Richter Chuang. Ich meine, hallo? Da muss man sich doch fragen, ob das Ganze so ein langfristiger Plan von China ist – erst setzen die ihre Leute in Amerika ein, dann treten sie mir in den Arsch, einfach weil's Spaß macht. China ist schlau.

MITZI: *To-do-Liste des Präsidenten*
Nächsten Monat mit Kaiser Xi einen trinken, ihm hinterher erzählen, dass ich das mit den Richtern weiß, seine Reaktion beobachten.

Jeff Sessions war gerade hier und meinte, er wüsste nicht so recht, ob man die FBI-Spionageabwehr nach Hawaii schicken könnte, um meine China-Theorie zu überprüfen. „Das wäre ein guter Test für Comey", sagte ich, und nachdem ich ihm meine „Sei stark, Junge"-Rede gehalten und wir uns umarmt hatten – aber nicht auf die schwule Art –, hat er versprochen, wegen den Problemen mit Hawaii zu tun, was er kann. Ich zitiere ihn nicht, weil ich die Aufnahme unterbrochen habe, als Jeff irgendwas über „Nixons großen Fehler" sagte. Ich habe ihm auch gesagt, er soll überprüfen, ob es mit diesem hawaiianischen Richter oder dem Generalstaatsanwalt vielleicht irgendwelche Probleme gab, als wir da unten den Trump International gebaut haben. Dann habe ich die Aufnahmefunktion wieder eingeschaltet – inzwischen mache ich das, indem ich beim Sprechen einfach in die Jackentasche fasse und den Knopf drücke, ganz diskret.

„Oder vielleicht hatten diese Typen auch was mit irgendwelchen krummen Dingern in Honolulu zu tun", sagte ich zu ihm. „Vielleicht haben die mich bei dem Trump-Waikiki-Deal verarscht." Entschuldigt meine Ausdrucksweise. „Vielleicht lässt sich das rausfinden. Verstanden?"

Er salutierte mir. Das macht er gerne. Irgendwie niedlich.

„Puh", sagte ich, „das war ja heute ein richtiger Hulahula-Pu-Pu-Teller von einem Tag, was?"

„Mr. President?"

„Pu-Pu-Teller, hawaiianisch, schon mal gegessen? Oder habt ihr so was nicht in Alabama?"

WIE VIELE ANDERE KLEINE MÄNNER HAT AUCH ER EINE WILDE SEITE.

Er war verwirrt, wirkte aber interessiert. So ging es noch eine Minute hin und her, und ich will den Justizminister nicht mit Einzelheiten bloßstellen, aber könnte sein, dass ich es eines Tages tue. Jedenfalls dachte er, ein Pu-Pu-Teller wäre irgendwas Versautes. Wieder mal ein Beispiel dafür, dass Jeff Sessions beliebter wäre, wenn ihn die Leute nur besser kennen würden. Wie viele andere kleine Männer hat auch er eine wilde Seite.

★ ★ ★ ★ ★ ★ ★ ★ ★ ★ ★ ★ ★

Ich bin echt froh, dass ich Rodrigo an meiner Seite habe, weil die Asiaten irgendwas im Schilde führen. Und ich meine nicht bloß die in Hawaii.

Gestern sitze ich noch spätabends im Weißen Haus, allein im Treaty Room, die Nachrichtensendungen sind bloß Wiederholungen, also gucke ich Jimmy Fallon, im Bademantel, Schüssel mit Lays, Glas Coke light – und auf einmal stürmt mein Secret-Service-Agent Anthony mit Pistole im Anschlag herein.

„Mogul ist sicher", sprach er in sein Handgelenk. Das ist mein Codename. Dann sagte er zu mir: „Eindringling auf dem Gelände,

Mr. President“, und dann, nur ein paar Sekunden später: „Eindringling am Südportikus aufgegriffen, Sir.“

Manchmal macht es so einen Spaß, der Präsident der Vereinigten Staaten zu sein. Genau so soll es sein, genau wie im Film. Aber in Wirklichkeit passiert das leider viel zu selten.

Übrigens: Wenn ich sage, ich bin der am wenigsten rassistische Mensch der Welt, war der Vorfall gestern Abend der Beweis. Ein junger Schwarzer kommt ohne Vorwarnung mit einer Pistole in mein Arbeitszimmer gerannt, und es macht mir überhaupt nichts aus.

Anthony und die anderen Agenten haben alle eine SIG Sauer P229. Tolle Pistole. Große Pistole. Bevor ich Präsident wurde, hatte ich eine Glock 43 – klein und leicht, fantastische kleine Pistole. Ich habe seit Ewigkeiten eine von der Stadt New York ausgestellte Erlaubnis für verdecktes Tragen, die sehr schwer, fast unmöglich zu kriegen ist, aber ich habe eine.

Aber zurück zu dem Vietnamesen, dem Eindringling – er ist ein Informatik-Ingenieur aus dem Silicon Valley. Anthonys Vorgesetzter sagt, der Typ hätte sogar einen Apple-Computer dabeigehabt.

„Sehr interessant“, sagte ich. „Sehr, sehr interessant.“ Was ich meinte, war, dass der Junge einer von Obamas Abhörexperten sein könnte. Ich war erst zwei Tage davor auf ein iPhone umgestiegen. Wow. Wow.

Dann höre ich, dass sie auf seinem Computer einen an mich adressierten Brief über „russische Hacker“ und eine Ausgabe von einem meiner erfolgreichsten Bücher gefunden haben. Und dann erfahre ich, dass er für einen der größten Hersteller von Computerchips und Sicherheitsvorrichtungen gearbeitet hat, dem größten in Deutschland, einer Firma, die von den Russen gehasst wird.

Und sie produziert die Computerchips – in Tijuana, in Mexiko. Wow! Mein Sohn Barron meinte heute Morgen, dass der Typ wahrscheinlich ein Ninja war und dass eins von den Mädels, die neulich Kim Jong-uns Bruder ermordet haben, aus Vietnam kam. Jetzt war es noch mehr wie im Film, aber wie in einem von den Filmen, bei denen ich den Überblick verliere, wie *Die üblichen Verdächtigen* oder dieser Bourne-Streifen, wo Edward R. Murrow Matt Damon verfolgt. Mehr kann ich nicht verraten, auch nicht was genau in dem Brief von dem vietnamesischen Ninja stand, aber ich glaube, wir haben wohl alle eine ganz gute Vorstellung davon, was da läuft. Der Ninja ist wieder zu Hause im Silicon Valley und steht unter genauer Beobachtung. Und wir machen den Zaun ums Weiße Haus doppelt so hoch. Dabei will ich es erst mal belassen.

KAPITEL 17 ★ ★ ★ ★ ★ ★ ★ ★ ★ ★ ★ ★ ★

DIE KANZLERIN WEISS VON NICHTS

Ich komme gleich zu meinem großen Treffen mit der deutschen Premierministerin oder Präsidentin oder was auch immer sie ist, aber ich werde nicht zulassen, dass diese illegale und widerwärtige Überwachung durch die US-Nachrichtendienste im letzten Herbst und womöglich auch heute noch in den Fake-Medien untergeht. Wenn ich Anthony und die anderen Geheimagenten und ihren Chef frage, heißt es immer, das Südliche Weiße Haus, das Weiße Haus und das Nördliche Weiße Haus (der Trump Tower) wären alle sauber. Aber ich habe ihnen aufgetragen, noch mehr „Säuberungsaktionen" durchzuführen.

Weil das mit den Wanzen stimmt.

Ich weiß es. Ich spüre es auf eine unheimlich starke Art. Ich hatte ja schon von meinen „Superkräften" erzählt – dass ich spüre, wer ein Sieger ist und wer nicht oder wann Grundstückspreise steigen oder fallen oder ob eine Frau etwas für mich empfindet, auch wenn es ihr selbst noch nicht bewusst ist. Jetzt wird mir klar, dass ich auch eine andere Superkraft habe, die mich merken lässt, wenn ich ausspioniert werde. Ivanka sagt, ich wäre vielleicht empfänglich „für besondere Energien“, und Mike Pence nennt es „die Gabe des Heiligen Geistes“.

Ich habe mein Team ins Oval gerufen – den Irischen Steve und den Koscheren Steve, den Irischen Don, ein paar von den jüngeren Typen, Reince und Jared. „Das mit der Überwachung stimmt, oder? Ich weiß, dass es stimmt. Ich meine, ich weiß, dass es nicht unbedingt eine ‚Wanze‘ war, darum habe ich es ja in ‚Anführungsstriche‘ gesetzt, Interpretationsfreiheit, aber wenn davon mal abgesehen irgendwer glaubt, die *Breitbart*-Genies hätten mich in die Irre geführt, soll er es jetzt sagen. Im Ernst.“

Ich dachte, Jared würde etwas sagen, machte er aber nicht. Niemand zweifelte an mir. Sehr gut.

„Also, Sean gibt Tag für Tag sein Bestes, aber wir brauchen da draußen noch mehr Jungs wie ihn, die ihren Job machen und den Menschen da draußen sagen, dass ich recht habe. Wieso geben mir unsere Leute vom Geheimdienstausschuss, Burr im Senat und Dingsda im Weißen Haus, der Kalifornier, der Mexikaner, Núñez – wieso geben die mir keine Rückendeckung? Im Prinzip sagen sie, ich würde mich irren. Das müsst ihr zurechtbiegen, Leute.“

„Er heißt Nunes, Mr. President, Devin Nunes, portugiesische Herkunft?“, sagte Reince. Er machte daraus eine Frage, damit ich merkte, dass er mir das schon mal erklärt hatte, was mich sehr ärgerte. „Also ohne Schnörkel auf dem ‚n‘?“

Ich sagte ungefähr fünf Sekunden gar nichts und guckte ihn bloß an, bis seine Lippen zu zittern anfingen. Grundkurs *Management*.

„Jedenfalls“, sagte ich, „müssen wir Congressman Nunes ohne Schnörkel auf dem ‚n‘ zu einem Teamplayer machen. Er ist doch bloß ein Kongressmitglied, richtig, mit weichen Cojones, die wir leicht zerquetschen können?"

Die beiden Steves und Don, mein Anwalt im Weißen Haus, drehten sich zu diesem jungen Typen um, den ich nicht kannte. Der hatte Núñez scheinbar ein paar Jahre im Nachrichtendienstausschuss als Anwalt vertreten, bevor wir ihn angeheuert haben. Ich lächelte und zeigte dem Jungen und Bannon und ein paar von den anderen den „Daumen hoch", für jeden einen Daumen. Die Leute flippen immer total aus, wenn ich das live mache, weil sie es so oft im Fernsehen und auf Bildern gesehen haben. Grundkurs *Management*. Man kennt es sonst nur von den Bildschirmen, aber wow, auf einmal sieht man es in echt, und das ist großartig – wie wenn ein Kind zum ersten Mal einen Weihnachtsmann sieht, einen, der seine Sache richtig gut macht.

★ ★ ★ ★ ★ ★ ★ ★ ★ ★ ★ ★ ★

„Rodrigo?" Es war der Morgen danach. Ich saß wie immer im Treaty Room, aß meinen Bacon, trank meine Ovomaltine, schaute in meinen Twitter-Account, las die *New York Post*, guckte *Fox & Friends*, ganz normaler Morgen. Und dann auf einmal – wow. Ich kann immer noch nicht richtig glauben, dass er das wirklich gemacht hat. „Rodrigo, komm mal her und spiel die letzten paar Minuten von *Fox & Friends* noch mal ab, ja?"

Richter Napolitano, einer von den absoluten Top-Top-Top-Rechtsexperten in den Vereinigten Staaten, deckte auf, dass Obama den britischen Nachrichtendienst damit beauftragt hatte, mich abzuhören und ihm „die Abschriften von Trumps Telefongesprächen auszuhändigen", um keinen „amerikanischen Fingerabdruck" zu hinterlassen! Und das war nicht einfach nur seine

„Meinung“; er sagte, sie haben drei Quellen in der CIA oder irgendwo, und „Fox News liegen Informationen vor“, die bestätigen, dass ich recht habe. Und das in den Nachrichten …

Homerun, Touchdown, Hole-in-One! Wieder ein Sieg für Trump! Ich wusste ja schon, dass Richter Nap ein kluger, ein wahrheitsliebender, ein extrem ehrlicher Mann ist, aber jetzt ist er ein richtiger Nationalheld. Manche halten ihn übrigens bloß für so einen Typen aus den Gerichtsshows, aber er war ein echter, hochgeachteter Richter in New Jersey – damals als ich dort noch im Casino-Geschäft war und bevor er ins Trump International Hotel and Tower am Central Park West gezogen ist, da hat Mitt Romney übrigens sein Innenminister-Bewerbungsgespräch in den Sand gesetzt. Jetzt, wo ich weiß, wie tapfer Richter Nap wirklich ist und wie viel ihm die Wahrheit bedeutet, werde ich ihm doch die Leitung einer neuen 9/11-Kommission überlassen, das wünscht er sich schon so lange. Er sagt nämlich seit Jahren, die Angriffe könnten nicht so abgelaufen sein, wie die Regierung behauptet, und er hat auch ganz bestimmt recht. Jetzt soll er die Sache mal richtig untersuchen, damit die Wahrheit ans Licht kommt.

Endlich war der Skandal um diese schreckliche Abhöraktion, die Obama da gegen mich gestartet hatte wie die Gestapo in Nazideutschland oder wie Chruschtschow in Russland, richtig öffentlich geworden. Am nächsten Tag fuhr ich für drei Stunden nach Michigan, kümmerte mich um die tollen Arbeiter, die dort in der Autoindustrie tätig sind, und gab dann Tucker Carlson ein fantastisches Interview für Fox News.

Tucker fragte mich nach meinen großartigen Tweets über die Abhöraktion, und ich erinnerte ihn an die „Anführungsstriche“ um die Wanze, und die von Fox zeigten meine komplette Antwort, weil sie fair sind. Ich beendete das Interview mit einem „Teaser“, wie wir beim Fernsehen sagen. Das hatte ich in den rekordverdächtigen fünfzehn Staffeln von *The Apprentice* und *The Celebrity Apprentice* gelernt. Du sagst den Zuschauern, dass in der nächsten Sendung etwas sehr Aufregendes passiert, ohne Einzelheiten zu verraten. Ich habe komplett improvisiert, wie ein Trump das halt so macht, aber es war wirklich ein perfekter Putt, aus hundert Metern direkt ins Loch – was ich beim Golfen übrigens schon mal geschafft habe. „Ich glaube", sagte ich zu Tucker, „in den nächsten zwei Wochen werden noch ein paar sehr interessante Dinge herauskommen." So etwas versuche ich jeden Tag zu machen. Ich lasse die Welt wissen: „Es lohnt sich, dranzubleiben, Leute". Und dann benehmen sie sich wie aufgeregte Affen im Zoo, die auf die nächste Banane warten. Grundkurs *Management*, sehr wirksam.

ICH LASSE DIE WELT WISSEN: „ES LOHNT SICH, DRANZUBLEIBEN, LEUTE."

Am nächsten Tag ließ ich Sean allein ins Oval Office kommen, nachdem er der Presse die gesamte Mitschrift von Richter Naps Aussage über die britischen Spione und das mit dem Fingerabdruck Wort für Wort vorgelesen hatte. Er war so was von nervös.

„Sean?", sagte ich.

„Ja, Mr. President?"

„Ich finde es klasse, dass Sie da rausgehen und tun, was Sie können, und alles machen, was ich sage, Sie sind ein guter Soldat, der beste, den's gibt. Sie marschieren immer weiter und singen dabei, wie wir es früher auf der Militärakademie gemacht haben: ‚Peitsch mich, peitsch mich, gib mir Liebe, ich brauch Schläge, ich brauch Hiebe, sag zu mir, ich soll mich bücken, knall mir die Peitsche auf den Rücken.' Egal wie viel Dreck die Reporter Ihnen entgegenschleudern – Sie laufen direkt zum Strand wie in der einen Szene von *Der Soldat James Ryan*.

„Danke, Mr. President."

„Ganz egal was ich im Januar über Ihren Kleidungsstil gesagt habe, Sean, Sie sind ein Held." Ich gab ihm einen von den Kleeblatt-Ansteckern aus Metall für die Veranstaltung zum St. Patrick's Day am Abend. „Das ist Ihr persönlicher Purple- Heart-Verdienstorden, okay? Nur halt in Grün."

Ihm kamen die Tränen. Grundkurs *Management*.

Im Grundkurs *Marketing* lernt man: Wenn man einmal am Ball ist, muss man ihn immer im Blick behalten, auch wenn man von anderen Sachen abgelenkt wird. Wie zum Beispiel von Merkel, die am nächsten Tag vorbeikam.

Als ich Sie persönlich traf, wurde mir klar, was das eigentliche Problem bei ihr ist: Sie erinnert mich an Hillary. Sie könnte ihre Schwester sein, ganz ähnliche Frisur, ähnliche Kleidung, ähnliches Auftreten, sie hält sich für so schlau und tut immer so, als wäre alles lächerlich, was ich sage, richtig fies, total überheblich. Wie Steve Bannon immer über Hillary sagt: „Wenn du ‚Bösartiges Miststück, Westchester, USA'" auf einen Brief schreibst, kommt er bei ihr an." Natürlich hat sie im Wahlmännergremium trotzdem versagt, und ich habe einen Sieg eingefahren, der einmalig in der Geschichte ist. In your face, Hillary!

Aber ich war nett zu Merkel. Ich übte vorher, ihren Namen richtig auszusprechen. Man spricht ihn nicht wie den von dem wunderschönen rothaarigen Supermodel Angie Everhart aus, das ich kannte, als ich noch Single war, oder wie den von Angela Lansbury – die übrigens die Mutter von Hillary und Merkel sein könnte. Man sagt Aaaahhhngela, als würde einem der Arzt einen von diesen Eisstielen in den Rachen stecken, Aaaahhhngela.

„Also, Angela", sagte ich, um das Eis zu brechen, und da war echt viel Eis, „Obama hat Sie abgehört, Obama hat mich abgehört, wir haben einiges gemeinsam, was?" Sie lächelte auf diese höfliche, fiese Art. „Aber ernsthaft, Angela, diese Abhöraktionen – da kommt man sich doch vor wie in Nazideutschland, oder? Ich meine, ich weiß, Sie waren da nicht dabei, aber wissen Sie, ich bin Deutscher, meine Großeltern auch, und mein Vater war tatsächlich, wie sagt man da, als Fötus in Deutschland, aber wie ich höre, sind Sie ja aus Ostdeutschland. Und das gefällt mir. Die First Lady ist aus Slowenien, also Osteuropa, ja, die Russen haben dort geherrscht, und meine erste Frau Ivana war aus der kommunistischen Tschechoslowakei, gleich neben Ostdeutschland, wie Sie wissen. Wir beide müssten also eine besondere Verbindung zueinander haben. Und sogar Ihr Name, Angela – Sie wissen das wahrscheinlich nicht, aber die Namen von all meinen Frauen enden auf *a* und der von meiner Tochter auch. Und meine Tochter Tiffany hört mit *y* auf, das gehört ja auch zu den Vokalen, was kaum einer weiß. Und sogar die Namen von meinen drei Enkelinnen enden mit Vokalen. Inzwischen ist das so eine Art Muss in unserer Familie, so wie das *K* bei den Kardashians. So ist das, diese ganzen schönen Frauen in meinem Leben – und jetzt Sie!"

„MEINE ERSTE FRAU IVANA WAR AUS DER KOMMUNISTISCHEN TSCHECHOSLOWAKEI, GLEICH NEBEN OSTDEUTSCHLAND, WIE SIE WISSEN."

Manchmal werde ich von den ganzen Nahrungsergänzungsmitteln und Vitaminen, die ich nehme, ein bisschen redselig, und die Leute finden das toll, weil ich ja nicht trinke.

Als ich Merkel fragte, ob sie Putin kennengelernt hätte, als er in Ostdeutschland für den KGB gearbeitet hat, sagte sie Nein und lenkte das Gespräch auf Wirtschaft und Handel. Sie behauptete, Amerika könnte mit Deutschland keine Deals machen, weil Deutschland zur Europäischen Union gehört. Was? Kann ich wegen NAFTA vielleicht keine Geschäfte mehr machen, ohne die Mexikaner um Erlaubnis zu fragen? Also bitte.

Sie wollte es scheinbar auf die harte Tour. Gut, kein Problem für mich. „Kennen Sie Ihr Unternehmen, das deutsche Unternehmen Infineon Technologies?"

„Ja, möglicherweise", sagte sie. „Ich glaube schon." Ich merkte, dass sie bloß so tat, als wüsste sie von nichts. Standardtrick bei Verhandlungen. Einer von ihren Leuten schaltete sich ein und erinnerte sie daran, dass sie die Fabrik in Dresden schon mal besichtigt hatte.

„Okay", sagte ich. „Also, dieser Vietnamese, der letztes Wochenende ins Weiße Haus eingebrochen ist, haben Sie davon gehört? Er hatte einen Computer dabei? Mit Nachrichten über Hacker und Russland? Der arbeitet für Infineon Technologies."

Und dann stellte sie sich einfach komplett dumm und spielte die Ahnungslose. „Ich weiß nicht, wovon Sie reden, Mr. President", sagte sie. Sie hätte gar nichts davon mitbekommen, dass ein Abhör-Ninja im Weißen Haus aufgegriffen worden war. Gut, von mir aus. Das gehört zum Verhandeln. Man sagt nicht alles, was man weiß.

Aber nachdem wir uns dann für Fotos an den Kamin im Oval gesetzt hatten, machten die Fake-Medien eine große Sache daraus, dass ich ihr nicht die Hand geschüttelt hatte. Wieso nicht? Nicht weil ich schlechte Laune gehabt oder sie nicht gemocht hätte. Ich schüttle ständig Hände von Leuten, die ich nicht leiden kann. Es lag daran, dass sie ungefähr dreißig Sekunden davor auf dem Klo war, okay? Und dann sieht sie auch noch aus wie Hillary. Das war einfach zu viel für mich, ich konnte mich nicht überwinden. Sorry, ich bin auch bloß ein Mensch.

Aber später kriegte ich wirklich schlechte Laune. Ich erfuhr, dass dieser Shemp Smith von Fox News während meiner Pressekonferenz mit ihr – gerade als ich einem deutschen Reporter erklärte, dass Obama die britische NSA dazu benutzt hatte, mich auszuspionieren, und Fox News noch für die Berichterstattung lobte – die Nachricht zurückgezogen und Richter Nap einfach ans Messer geliefert hatte. „Fox News kann Richter Napolitanos Kommentar nicht bestätigen." Und dann schießt Shemp Smith gegen mich: „Fox News hat keinerlei Informationen darüber, dass der amtierende Präsident zu irgendeinem Zeitpunkt in irgendeiner Weise überwacht wurde, Punkt."

Ich bin sicher, dass er diesen Angriff auf mich und Richter Nap zeitlich genau auf mein Treffen mit Merkel abgestimmt hatte, damit ich es nicht live sehen und sofort reagieren konnte. Als ich Rupert Murdoch auf dem Weg nach Palm Beach von der Air Force One aus anrief, entschuldigte er sich mehr oder weniger direkt und sagte, er müsste zwar zulassen, dass sein Sohn ein Sendeverbot gegen Richter Nap verhängt, aber das würde nur eine Woche oder so dauern. Ich erinnerte Rupert daran, dass ich ihm schon viele Gefallen getan hatte. Rupert ist gerade sechsundachtzig geworden, was mir ehrlich gesagt Sorgen macht, weil mir der Gedanke nicht gefällt, dass Fox News komplett von seinen Söhnen übernommen wird, und ich glaube, die Fox-Zuschauer sehen das genauso. Ich weiß zum Beispiel, dass 90 Prozent von ihnen meiner Meinung sind, was Obamas widerliche Überwachungsaktion angeht.

An dem Wochenende war ich neun Stunden in meinem Trump International Golf Club in West Palm Beach, wo ich ein paar wichtige dienstliche Treffen hatte, über die ich nicht reden darf, und Golf spielte, was meine Laune verbesserte, was wiederum so wichtig für das Land ist – ich habe jedes einzelne Loch unter Par gespielt, das nennt man eine „perfekte Runde“, wobei sie eigentlich sogar besser als perfekt war, weil ich zwei Hole-in-Ones hatte, vielleicht sogar mehr, so viele, dass ich es nicht mal genau sagen kann. Wegen den ganzen geheimen Treffen auf dem Golfplatz konnte ich nicht so viel Zeit mit der First Lady und ihren tollen Eltern, Viktor und Amalija, verbringen, die das ganze Wochenende über zu Besuch waren. Familie, wirklich wichtig, und ich habe eine echt tolle Familie.

Mike Pence war zufällig auch in Palm Beach, um eine Rede zu halten, also lud ich ihn am Samstagabend ein, sich Mar-a-Lago anzuschauen, mit uns Nachtisch zu essen und dann dorthin zu gehen, wo auch immer er wohnte. Mike macht als Vizepräsident so einen fantastischen Job! Das liegt auch daran, dass er tagsüber meist in seinem Büro im West Wing bleibt, sodass er mir nicht ständig vor der Nase herumspringt und mir auf die Nerven geht wie gewisse andere Leute aus meinem Team, die ich jederzeit feuern kann. Und er geht zu einer normalen Uhrzeit nach Hause zu Karen, die nicht bloß Mikes erste Frau ist, sondern auch noch älter als er, was total großartig ist, Gott schütze die beiden. Aber sie ist achtundfünfzig. Ich persönlich könnte das nicht, glaube ich. Wir haben alle Grenzen, die wir nicht überschreiten können, wie zum Beispiel mit einem Hund spielen oder Sushi essen.

WIR HABEN ALLE GRENZEN, DIE WIR NICHT ÜBERSCHREITEN KÖNNEN, WIE ZUM BEISPIEL MIT EINEM HUND SPIELEN ODER SUSHI ESSEN.

In Mar-a-Lago versicherte mir Mike unter vier Augen, dass es keine Spitze gegen mich gewesen wäre, als er sagte, dass er nicht mit irgendeiner Frau außer seiner eigenen allein sein könnte, nicht mal beim Essen. Weil er das schon vor fünfzehn Jahren oder so gesagt hat. Ich habe das prüfen lassen, und es stimmt. Schön. Immer noch irgendwie komisch, aber schön. Als ich ihn jetzt in Palm Beach gesehen habe, an einem schöneren, *Der Pate*-mäßigeren Ort als sonst, wurde mir klar, dass er wahrscheinlich mein Tom Hagen ist. Er sieht sogar aus wie Duvall. Könnte sein, dass er Trump gegenüber loyaler ist als Bannon gegenüber. Wir werden sehen. Ich habe das Gefühl, ich werde bald genauer wissen, wie sehr ich mich darauf verlassen kann, dass Steve tut, was getan werden muss.

KAPITEL 18 ★ ★ ★ ★ ★ ★ ★ ★ ★ ★ ★ ★ ★

GEFÄLSCHTE UMFRAGEWERTE

Es ist dunkel.

Das einzige Licht in meinem Präsidentenschlafzimmer im Weißen Haus in Washington kommt von meinem Telefon und dem Fernseher.

Vor einer Woche hatten die Meinungsumfragen noch ergeben, dass die meisten Amerikaner Trump mögen, was ganz offensichtlich stimmt. Jetzt heißt es, dass 58 Prozent Trump nicht mögen. Eine Woche später? Wie kann das sein? Gar nicht, es kann nicht sein. Schon kurz nach meiner Amtseinführung habe ich alle davor gewarnt: Schlechte Umfragewerte sind Fake News, so wie alle Umfragen vor der Wahl. Die Presse versucht die Leute gegen mich aufzuhetzen – „Seht her, Trumps Beliebtheit sinkt, also wendet euch besser gegen ihn!" Ich glaube, sie wollen mir auch ganz persönlich zusetzen, mich traurig machen. Zum Glück bin ich extrem stark. Und ich weiß, die schlechten Ergebnisse sind wahrscheinlich größtenteils oder komplett gefälscht.

Erst gestern habe ich wieder zu Reince und Jeff Sessions gesagt, dass ich die Umfrageinstitute und Zeitungen und Fake-News-Sendungen verklagen können will, wenn sie Lügen über mich verbreiten. Und das tun sie gerade. Eben sehe ich, dass die Zeitschrift *Forbes*, zu der ich seit Jahren wirklich nett bin – bin sehr oft auf dem Cover gewesen und habe ihnen dadurch geholfen, überhaupt so viele Zeitschriften zu verkaufen –, eben sehe ich also, dass sie auf Twitter eine neue Liste von Milliardären veröffentlicht haben. Sie sagen, ich wäre von Nummer 205 im letzten Jahr auf Nummer 544 gefallen, was komplett erlogen ist.

Rodrigo kam rein, um mich zu wecken, aber ich habe ihm gesagt, dass ich schon seit einer Stunde wach bin und arbeite – dieses Buch zu schreiben ist nämlich wirklich wichtige Präsidentenarbeit. Geschichtsschreibung sagt man dazu, glaube ich.

Wie mein Freund Steve bei Fox gerade gesagt hat, kommen die Fake-Medien und Demokraten besser mit ihrer Wahlschlappe klar, wenn sie behaupten können, ich wäre verrückt und von der Idee besessen, dass Obama mich überwacht hat. Ich bin nicht besessen. Wieso sollte ich? Ich habe gesiegt, keiner behauptet was anderes. Ich will bloß die Wahrheit darüber ans Licht bringen, wie Obama und Hillary die Wahl beeinflussen wollten, indem sie mich abgehört haben, und es jetzt zu verschleiern versuchen.

ICH WILL BLOSS DIE WAHRHEIT DARÜBER ANS LICHT BRINGEN, WIE OBAMA UND HILLARY DIE WAHL BEEINFLUSSEN WOLLTEN.

Sie werden den Schwindel und die Lügen während der Anhörung vor dem Ausschuss unter Vorsitz von Núñez aufrechterhalten. Comey und der Leiter der NSA werden aussagen, und ich habe so eine Ahnung, dass sie beide sagen werden, dass sie keine Hinweise auf Obamas Abhöraktion haben und dass das FBI in der Russland-Affäre gegen mich ermittelt.

Was mich sehr, sehr, sehr wütend machen wird. Ich muss denen zuvorkommen. Muss sie angreifen, bevor sie mich angreifen.

„James Clapper, OBERSTER Geheimdienstchef, sogar über Comey, den ich feuern könnte, sagt, es gibt KEINERLEI HINWEISE auf Verbindungen von POTUS zu Russland, wo ich nicht investiere und keine Deals mache. TOTALE FAKE NEWS, und alle wissen das!!!"

Wow. Hundertvier Zeichen zu viel. Als Twitter-Chef würde ich Premium-Mitgliedschaften anbieten, mit denen man längere Tweets schreiben kann. Kein Wunder, dass die keinen Profit machen.

Polieren, kürzen und … Tweet, zack, bumm.

„Russland-Affäre ist komplett von den armseligen Demokraten erfunden, die mich früher immer um Geld angebettelt haben, als Ausrede für Hillarys fürchterliche Kampagne, die mieseste aller Zeiten. Riesenvorsprung im Wahlmännergremium und DEN UNSCHLAGBAREN TRUMP TROTZDEM NICHT GESCHLAGEN!"

Polieren, kürzen, Tweet.

Es ist immer noch dunkel. Fühle mich viel besser. Rodrigo hat mir gerade Bacon, Ovomaltine, die Nahrungsergänzungsmittel und meine speziellen Vitamine gebracht.

★ ★ ★ ★ ★ ★ ★ ★ ★ ★ ★ ★ ★ ★

Vor Sonnenaufgang habe ich noch einen Tweet darüber rausgefeuert, dass in der Russlandsache die Verräter und geheimen Informanten gefunden werden müssen; während *Fox & Friends* dann noch einen über die gefälschten Umfragen auf CNN und auf dem Weg durch den Geheimtunnel zum West Wing noch einen über die Russlandkontakte von Clintons Wahlkampfteam. Als ich mir dann in dem Zimmer neben dem Oval auf dem 65-Zoll-Bildschirm angeguckt habe, wie Comey vor Núñez aussagt, habe ich dazu getwittert, fast wie ein Trump-Live-Ticker. Jedenfalls habe ich geschrieben, dass der FBI-Direktor nicht zugeben will, dass er Obama nichts von den abgehörten Telefonaten sagen wollte, die Flynn ganz ohne mein Wissen mit Russland geführt hat. Wow.

Ich war froh, als Comey ankündigte, die Ermittlungen zu Hillarys gefährlichen, leichtsinnigen und kriminellen E-Mails in der Woche vor der Wahl im letzten Herbst wieder aufnehmen zu wollen – das amerikanische Volk fordert und verdient das. Aber seitdem ist mir aufgegangen, dass er Hillary und den Demokraten eigentlich einen großen Gefallen getan hat – dass er ihnen eine Ausrede für ihre Niederlage geliefert hat, obwohl sie so oder so verloren hätten. Wieso finden die Elite und die Presse Comey denn überhaupt so toll? Weil er sich gegen das republikanische Weiße Haus unter Bush gestellt hat. Wer hat Comey eingesetzt? Obama. Wer hat mit einem Lächeln zu mir gesagt, ich sollte General Flynn nicht einstellen, damit ich es für einen Witz halte und ihn doch einstelle? Obama. Wer hat zuerst gemauert, als ich ihn zweimal angerufen und gefragt habe, ob er gegen mich ermittelt, und heute dann zweimal vor dem Ausschuss ausgesagt, er hätte „keine Informationen, die diese Tweets bestätigen", womit er meine Tweets zu den Wanzen meinte, mich, seinen Chef, also einen Lügner nannte und das Wort „Tweets" aussprach wie etwas Schmutziges? Obamas Handlanger Comey.

EIN PRÄSIDENT KANN TUN, WAS ER WILL.

Es heißt, Comey zu feuern würde keinen guten Eindruck machen. Das werden wir sehen. Und ich könnte General McMaster als Nationalen Sicherheitsberater nicht wieder durch General Flynn ersetzen. Auch das werden wir sehen. Ein Präsident kann

Ich bitte meinen Secret-Service-Agenten Anthony, mir seine SIG Sauer P229 zu zeigen – und starte einen Probeangriff, um zu sehen, wie er einen terroristischen oder demokratischen Angreifer ausschalten würde.

tun, was er will, auch wenn die meisten zu ängstlich waren, um ihre ganze Macht auszuschöpfen. Weicheier.

Am späten Nachmittag hatte ich mein erstes offizielles Treffen mit dem Direktor der Nationalen Nachrichtendienste. „Mike“, sagte ich, „wie viel geben wir alles in allem für die Nachrichtendienste aus?“

„Etwa achtzig Milliarden Dollar pro Jahr, Mr. President. Und ich heiße Dan, Sir, nicht Mike. Dan Coats.“

„Stimmt! Stimmt!“ Er ist aus Indiana wie Mike, war auch im Kongress wie Mike, und er könnte Mikes Bruder sein, so ähnlich sehen sie sich – außerdem heißt mein CIA-Direktor auch noch Mike, Mike Pompei, der war auch Kongressmitglied. Das kann einen schon mal durcheinanderbringen. „Also, Dan, Sie waren Ihr ganzes Leben lang im Kongress, guter Republikaner, toller Republikaner, Sie kennen sich aus, und jetzt leiten Sie für mich sämtliche Nachrichtendienste inklusive FBI. Machen Sie sich mal Gedanken, wie wir Comey dazu kriegen können, dass er aufhört, diese erlogenen Russlandgeschichten von den Demokraten zu überprüfen und damit Zeit und Geld zu verschwenden. Das wollen wir doch schließlich alle, oder, Dan?“ Dazu hatte er ein paar interessante Sachen zu sagen – ich habe mir gerade das „Band“ noch mal „angehört“ – aber ich glaube, das sollte erst mal unter uns bleiben.

„Anderes Thema. Wichtigeres Thema. Ein Plan, über den ich mit einem von meinen Söhnen gesprochen habe. Wir sammeln erst mal bloß Ideen, okay?“ Ich habe ihm nicht gesagt, dass ich meinen jüngsten Sohn meinte, denn wenn ich erzählt hätte, dass der Plan von Barron kam, hätte er ihn vielleicht nicht ernst genommen. „Sagen wir mal, wir nehmen zwanzig von diesen achtzig Milliarden Dollar und zahlen davon einer Million Ausländer auf der ganzen Welt zwanzigtausend im Jahr, wir suchen uns die richtigen aus und machen sie zu so einer Art Agenten, und sie schicken uns jede Woche alles, was sie in Kiew oder Burma oder Afrika sehen und hören, die ganze Million Leute. Und unsere Computer verarbeiten diese ganzen E-Mails. Die zwanzigtausend im Jahr sind ein Durchschnittswert – in Europa zahlen wir mehr, in Afrika viel weniger und so weiter. Das wäre doch wohl ein viel besseres System, als das, was wir jetzt haben, oder nicht? Und wenn wir mal wen brauchen, der sich die Hände schmutzig macht, na ja, dann haben wir eine Million Leute zur freien Verfügung."

Dan sagte, das wäre eine „sehr interessante Vision" und er wollte es mit seinen Experten besprechen – genau das hat er auch gesagt, als ich ihn gefragt habe, ob die CIA Kennedy oder irgendwelche anderen Präsidenten umgebracht hat. Als ich ihn ein oder zwei Tage später angerufen habe, um ihn noch mal daran zu erinnern, dass er mithelfen soll, Comeys Hexenjagd gegen mich zu beenden, hat er es wieder gesagt. Tatsächlich ist das genau die Antwort, die ich auch vom Rechtsberater des Weißen Hauses und Jeff Sessions bekommen habe, als es darum ging, die Fake-Medien wegen ihrer erlogenen Geschichten zu verklagen. Das kriege ich so oft zu hören – „Wir prüfen das, Mr. President."

DAS KRIEGE ICH SO OFT ZU HÖREN – „WIR PRÜFEN DAS, MR. PRESIDENT."

KAPITEL 19 ★ ★ ★ ★ ★ ★ ★ ★ ★ ★ ★ ★ ★

VERRÄTER, LÜGNER UND NICHTSNUTZE

Ich war ja so was von aufgeregt, als ich am Mittwochmorgen sah, wie Congressman Núñez eine Pressekonferenz zu den Informationen gab, die bewiesen, dass ich mit den Wanzen recht gehabt hatte. Ich war so aufgeregt, weil er mich komplett rehabilitierte. Die Sache lief einfach perfekt. Es kam in allen Nachrichtensendungen, überall redeten sie darüber. „Die Bombe ist geplatzt", hieß es.

Aber ich war auch aufgeregt, weil – okay, Moment, ich fange noch mal von vorne an. Es ist einfach zu großartig.

Also, wir gucken uns gerade im West Wing an, wie Núñez drüben im Capitol seine erste Pressekonferenz gibt. „Es kam zu Überwachungsaktivitäten", sagt er, „das ist nicht in Ordnung, und das amerikanische Volk sollte das nicht einfach hinnehmen." Ich bin ja so aufgeregt. Ich glaube fast, ich muss zur Beruhigung eins von meinen „Ergänzungsmitteln" nehmen. Ich mache den Fernseher aus und setze mich mit dem Chefredakteur von der Zeitschrift *Time* für ein Interview zusammen. Er macht eine Titelgeschichte darüber, dass ich Fake News immer beim Namen nenne. Ich sage ihm immer wieder: „Núñez hat gerade eine unglaubliche Pressekonferenz gegeben, Núñez hat wirklich fantastische Arbeit geleistet", ich lese ihm sogar einen Bericht darüber von meinem Telefon vor: „Núñez ist jetzt auf dem Weg zum Weißen Haus, um Präsident Trump zu briefen."

Ungefähr fünf Minuten später, und schon ist Núñez hier im West Wing, um mich zu „briefen". Es ist, als hätte ich es gelesen, und es wäre einfach wahr geworden, fast wie Zauberei.

„Guten Morgen, Mr. President", sagte er. „Ich habe gerade einige wichtige Informationen erhalten, von denen Speaker Ryan findet, wir sollten sie schnellstmöglich an Sie weitergeben. Es ist nämlich wirklich extrem wichtig."

„Das weiß ich zu schätzen, Devin", antwortete ich, „denn ich weiß, dass Sie Vorsitzender des House Permanent Committee on Intelligence sind und dadurch Zugang zu streng geheimen Informationen über das Treiben der Nachrichtendienste haben. Bitte berichten Sie, was Sie herausgefunden haben."

Blablabla, er meint, es würde aussehen, als könnte Obama eindeutig und auf jeden Fall meine Überwachung veranlasst haben.

ALLES FUNKTIONIERTE, WIE ES SOLLTE. ICH WAR SUPER DRAUF.

„Nun, Congressman Núñez", sagte ich zu ihm, „das sind sehr, sehr wichtige und interessante und historische Informationen, aber sie sind auch widerwärtig, und ich bin froh, dass Sie das öffentlich machen, weil das amerikanische Volk eindeutig das Recht hat, die Wahrheit zu erfahren. Ihr Ausschuss muss das sofort gründlich untersuchen. Danke!"

Dann geht er nach draußen und redet mit den ganzen Reportern, die dort stehen, und ich sehe ihn in echt durchs Fenster, vielleicht dreißig Meter weit weg, aber gleichzeitig auch live im Fernsehen, weil der Fernseher direkt am Fenster steht.

Das war noch so einer von diesen wirklich fantastischen Momenten als Präsident, den besten, wie in einem Film über Präsident Trump – was alles noch viel besser macht und viel echter wirken lässt.

Ich kann gar nicht beschreiben, wie aufgeregt ich war. Alles funktionierte, wie es sollte. Ich war super drauf.

★ ★ ★ ★ ★ ★ ★ ★ ★ ★ ★ ★ ★

Das war am Mittwoch. Heute ist Samstag, nur drei Tage später. Und alles ist ruiniert.

Alles Mist.

Alle haben Mist gebaut.

Alle haben mich belogen.

Die geheimen Informanten haben gleich durchsickern lassen, dass Núñez an dem Abend, bevor er herkam und meinen Verdacht bestätigte, einen Anruf aus dem Weißen Haus bekommen hatte, er sollte vorbeikommen und sich die Geheimdokumente ansehen, damit er zwölf Stunden später wieder zurückkommen und mich über die Geheimdokumente „informieren" konnte. Núñez gab sofort alles zu. Tolle Arbeit, Chefstratege des Weißen Hauses, und tolle Arbeit, Mr. Intelligence Committee Chairman ohne jede Zukunft in meiner republikanischen Partei.

Gleichzeitig erzählt mir Paul Ryan auf einmal, er findet, wir sollen seinen Teil des Ausschusses nicht über unseren Gesundheitsplan abstimmen lassen. Ich habe alles getan, um Paul zu helfen, den schrecklichen, fürchterlichen, widerlichen, gruseligen, üblen, vollkommen gescheiterten Obamacare-Plan durch unseren wunderbaren eigenen Plan zu ersetzen. Einen Plan, den Ryan übrigens komplett versteht, obwohl er so unfassbar detailliert und kompliziert ist. Jetzt glaubt er, er würde verlieren, würde nicht genug republikanische Stimmen zusammenkriegen. Der Plan ist seit zwei Wochen bekannt! Er fand ihn toll! Ich bin dafür in den Ring gestiegen! Und dann kommt er gestern in letzter Sekunde angerannt und will mir erzählen, wir würden auf jeden Fall verlieren.

Ich sah ihn ins Oval kommen. Ryan ist so ein Gesundheitsfanatiker, fast fünfzig und so was von dünn. Er ist einer von diesen irischen Gutmenschen, die ich immer gehasst habe – wie Comey beim FBI, wobei ich mir bei Paul auch vorstellen kann, dass er Geld aus dem Klingelbeutel klaut, sie sind beide solche irischen Priestertypen, denen man nicht über den Weg trauen kann. Manchmal glaube ich, ich hatte ganz recht, als ich Ryan im Wahlkampf auf Twitter angegriffen habe. Er tut immer so schlau, obwohl er bloß auf irgendeinem miesen College im Mittleren Westen war, nicht auf einer Elite-Uni wie Wharton, wo ich studiert habe.

Ich saß auf dem Präsidentenstuhl hinter dem großen Schreibtisch, Grundkurs *Management*, Ryan und sein Kumpel Reince saßen auf der anderen Seite. Ryan und Reince, Ryan und Reince, Ryan und Reince. Die sind wie zwei Jungs, die in Milwaukee zusammen ein Bowlingcenter betreiben.

„Also Ryance, ihr Washington-Experten habt ganz schön Mist gebaut, was? Wenn wir den Gesundheitsplan jetzt kippen, stehe ich wie ein Schwächling da. Wie ein richtiger Schlappschwanz, entschuldigt meine Ausdrucksweise, was ich übrigens nicht bin, nie gewesen, ist bei mir gar kein Thema, das war bloß ein Vergleich. Ein passender Vergleich, weil es gerade um Gesundheitsfragen geht."

„Ich muss sagen", sagte Ryan und starrte mich mit seinem Ich-bin-ja-so-besorgt-Blick an, „Sie sind eine Enttäuschung. Sie wissen nicht mal, dass Sie ein unheimlich schlechter Präsident sind. Sie fiese Kackwurst, Sie sind so unfassbar schlecht und kriegen es einfach nicht besser hin. Sie haben wirklich keine Ahnung, was Sie da machen, oder? Sie sind eine Null, eine hohle Fritte. Sie tun mir leid. Sie sind ein Schwein. Ein Blender."

Ich beugte mich so schnell vor, dass ich versehentlich das Glas Coke light von meinem Tisch fegte. (Die Federung von dem Stuhl hier im Oval Office hat es wirklich in sich.) „Was zur Hölle haben Sie da gerade gesagt? Sagen Sie das noch mal."

Ryan zuckte zusammen und sah ganz ängstlich und nervös aus. Reince genauso. „Ich … ich sagte, ich weiß, Sie sind enttäuscht, aber wir wissen nicht, woher wir diese zweihundertsechzehn nehmen sollen, Mr. President. Wir kriegen im Freedom Caucus einfach keine zweihundertsechzehn Stimmen hin. Ich sagte, wir haben keine Ahnung, wie wir das machen sollen, wir erzielen einfach null Fortschritte. Es tut mir leid, aber ich bin mit meinem Latein am Ende."

Ich schüttelte langsam den Kopf, drehte mich von ihnen weg und starrte bloß aus dem Fenster, als sie aufstanden und gingen. Grundkurs *Management*.

Dann wirbelte ich auf dem Stuhl herum. Mein Stabschef hockte auf allen vieren neben meinem Schreibtisch. „Um Himmels willen, Sie müssen die verdammten Eiswürfel nicht aufheben, Reince."

Ich bin mir immer noch nicht hundertprozentig sicher, ob ich Ryan nicht doch beim ersten Mal richtig verstanden habe. Vielleicht hat er es mit der Angst zu tun bekommen und bloß so getan, als hätte er das alles nicht gesagt. Ich weiß, wie das ist. Aber wenn ich ihn falsch verstanden haben sollte, zeigt das nur, wie einem der Stress in diesem Job zusetzt. Es waren ein paar schwere Tage, so viel Stress, echt anstrengend.

★ ★ ★ ★ ★ ★ ★ ★ ★ ★ ★ ★ ★

Auf dem Weg zum Golfplatz wurde meine Laune besser. Auch wegen den extrastarken Ergänzungsmitteln. Und jetzt wo es wärmer ist, kann ich immerhin Golf spielen, auch wenn ich am Wochenende in Washington festsitze. Übrigens habe ich schon vor ein paar Jahren gemerkt, dass alle, die behaupten, sich wegen der „globalen Erwärmung" Sorgen zu machen, Lügner sind. Wer würde den Sommer nicht dem Winter vorziehen?

WER WÜRDE DEN SOMMER NICHT DEM WINTER VORZIEHEN?

„Ich habe eine Frage, Anthony", sagte ich zu meinem fantastischen afroamerikanischen Agenten vom Secret Service, als wir in meiner gepanzerten Limo zu meinem wunderschönen Club in Virginia rausfuhren. (Die Mitgliedschaft gilt übrigens auch für alle anderen Trump-National- und Trump-International-Anlagen, sogar für das Südliche Weiße Haus.) „Wieso sieht der ECM Suburban da drüben heute so anders aus?"

„Ich glaube, er wurde heute Morgen gewaschen, Mr. President."

Der ECM Suburban ist der coolste aller coolen schwarzen SUVs, der im Autokorso immer direkt vor oder hinter mir herfährt. ECM steht für Electronic Countermeasures, elektronische Gegenmaßnahmen, darum hat dieser SUV solche kuppelförmigen Aufsätze und Rohre und Antennen auf dem Dach, die die ganzen Radiowellen von den Arabern oder was auch immer aufsaugen und merken, wenn Terroristen versuchen, mich mit einer ferngesteuerten Bombe oder Rakete zu erwischen. Die First Lady mag es gar nicht, wenn ich mit unserem Sohn darüber rede, aber ihn interessiert das ganze Zeug genau so sehr wie mich.

„Wenn im ECM Suburban also der Alarm losgeht, weil mich die Bösewichte ins Visier nehmen, wie viele Rauchgranaten werden dann noch mal abgeschossen?"

Anthony lächelt ein bisschen, ein freundschaftliches Lächeln. „Dann wird eine erste Tranche von zehn Einheiten freigesetzt, Mr. President. Ebenso wie von diesem Fahrzeug. In deren Schutz ziehen wir uns aus der Angriffszone zurück."

„Richtig. Richtig." Ich liebe es, wenn Anthony so was sagt. Genau wie im Film. „Und dann düsen wir mit hundertsechzig Sachen ab, vielleicht sogar im Rückwärtsgang, dann springt das Angriffsteam aus seinem Wagen, zielt mit Laser- und Infrarotpunkten auf die Bösewichte und löscht sie mit tausend Kugeln pro Sekunde aus den Maschinengewehren aus, stimmt's? Wie das Ende von *Bonnie und Clyde* mal eine Million, stimmt's?"

„Das ist im Großen und Ganzen der Plan, Mr. President."

Und ein paar Kugeln von dem Angriffsteam könnten sich versehentlich auch in einen von den Pressebussen verirren, das wäre wirklich tragisch.

Als wir an Langley vorbeifuhren, an der CIA-Zentrale, hob ich den Mittelfinger. Das mache ich jetzt jedes Mal auf der Fahrt zum Trump National und zurück, aber ich verdecke den Finger mit der anderen Hand, damit mich dabei niemand mit einer Drohne oder so durchs Fenster fotografieren kann. Anthony muss jedes Mal lächeln.

„Wenn wir plötzlich an eine Straßensperre von der CIA oder dem FBI kommen würden, und ein CIA- oder FBI-Mann würde versuchen, mich zu ermorden wie JFK, würdest du ihn auf jeden

Fall daran hindern, oder, auch wenn ihr alle für die Regierung arbeitet?“

„Mit allen notwendigen Mitteln, Mr. President.“ Genau das hat er beim letzten Mal auch gesagt.

Beim Abschlag waren es vierundzwanzig Grad, sonnig, perfekter Tag, der schönste Frühlingsbeginn aller Zeiten in Washington, meinte irgendwer. Es war, als hätte ich mir gutes Golfwetter so sehr gewünscht, dass es wahr wurde. Als ich Mike Pence neulich erzählt habe, wie gut meine Ergebnisse in letzter Zeit waren, so unglaublich gut, besser als je zuvor, meinte er: „Wer mit Gott golft, golft gut“, und dass Gott wollen würde, dass ich Erfolg habe – dass Gott dem Vizepräsidenten tatsächlich eine Botschaft über meinen Erfolg geschickt hätte. Tja, nach dieser schrecklichen Woche, in der mich so viele Leute verraten haben, habe ich bloß zwei Hole-in-Ones gemacht, je einen bei den Front Nine und den Back Nine, aber jedes zweite Loch war ein Birdie oder ein Eagle – meine persönliche Bestleistung, eine achtundvierzig. Ich konnte es selbst kaum glauben. Ich habe Anthony gesagt, er soll es erst mal für sich behalten, weil die Medien durchdrehen würden, und wir können die Ablenkung gerade nicht brauchen. Vielleicht verkünden wir es im Sommer, wenn sonst nichts Wichtiges los ist, in einer Sondersendung auf ESPN oder so.

KAPITEL 20 ★ ★ ★ ★ ★ ★ ★ ★ ★ ★ ★ ★ ★

IVANKAS UMWERFENDES LÄCHELN

Ivanka hat mich heute schon wieder zu sich nach Hause zum Abendessen eingeladen. „Muss ich das ‚besondere Essen' essen?" Sie hat versprochen, für mich Krabbencocktail und Hackbraten aus dem Trump International zu bestellen. Als ich sagte, ich würde Hope, meine fantastische junge PR-Frau aus dem Oval Office, als mein „Date" mitbringen, meinte Ivanka, das Essen wäre nur für Familienmitglieder. Ich dachte, sie will bestimmt bloß, dass ich ein bisschen Zeit mit den Kindern verbringe, die ich liebe, auch wenn ich es nicht angemessen finde, dass sie mich „Opa" nennen. Darum war ich überrascht, dass die Kinder gar nicht da waren, als ich kam.

Ivanka nahm meine linke Hand und kam mit dem Gesicht ganz nah an mich heran. Ich hielt den Atem an, weil ich seit ein paar Stunden kein Pfefferminz gelutscht hatte, aber ich schmelze jedes Mal dahin, wenn sie das macht. Es war wie bei der Scheidung von ihrer Mutter, als sie mir sagte, obwohl ihr Bruder Don Junior seit einem Jahr nicht mit mir geredet hätte, würde sie mich immer noch lieben – oder wie ein paar Jahre später, als sie vielleicht fünfzehn war und sagte, sie würde bloß weinen, weil sie so glücklich darüber wäre, dass ich mich von ihrer ersten Stiefmutter scheiden lasse.

„Wir müssen uns mal richtig unterhalten, Dad", sagte Ivanka. Sie hielt immer noch meine Hand. „Ganz ernsthaft."

Ich dachte, sie würde mir erzählen, dass irgendwer Krebs hätte.

„Geht's darum, dass sich Melania neulich im Weißen Haus ‚verirrt' hat?" Die First Lady war für einen Abend aus New York hergeflogen, um bei einem großen feierlichen Dinner mit den Senatoren die „First Lady" zu spielen, und der Secret Service musste nach ihr suchen.

„GEHT'S DARUM, DASS SICH MELANIA NEULICH IM WEISSEN HAUS ‚VERIRRT' HAT?"

„Nein, Dad, es geht um die Präsidentschaft. Darum, Amerika groß zu machen. Und dich noch größer."

Das wieder. Erst war es das Zeug, das Jared und sie immer über meine Tweets sagen: dass sie wünschten, ich würde sie ihr oder Hope oder irgendwem „aus der Kommunikation" oder einem von den Anwälten in Don McGahns Kanzlei zu lesen geben, bevor ich sie abschicke. Und dass ich nicht morgens gleich als Erstes twittern sollte, sondern erst, wenn ich meine Ergänzungsmittel und speziellen Vitamine genommen habe.

Letzte Woche habe ich wieder ein paar starke Tweets rausgehauen, vor allem gestern Morgen, als ich zum Beispiel fragte, wieso Hillary sich nicht dafür entschuldigt hätte, dass sie sich die Fragen der CNN-Debatte im Voraus von der schwarzen Demokratin mit den lila Haaren besorgt hatte. Ivanka meinte, das wäre vor über einem Jahr gewesen, und es hätte sich bloß um ein Gespräch in einem Rathaus mit Bernie Sanders gehandelt, mit nur einer einzigen Frage.

„Sei nicht ungezogen", sagte ich zu ihr. „Und glaub mir – ich weiß ganz genau, was ich mache."

Diese Woche habe ich einen langen Tweet überhaupt nicht gekürzt, sondern einfach zwei daraus gemacht; das war der, wo ich dem House Intelligence Committee befohlen habe, mal den krummen Deal zwischen den Clintons und Big Uranium und Russland zu untersuchen plus die zwanzig Millionen Rubel, die Bill für eine Rede in Russland bekommen hat, plus Hillarys dämlichen und schwachen „Neustart" mit Russland, plus das ganze Lob, das Hillary über Russland ausgeschüttet hat, plus die dubiose Firma, die Hillarys Wahlkampfmanager in Russland besitzt – weil die „Russland-Affäre" von Trump nämlich eine einzige Lüge ist.

„Übrigens", sagte ich, „habe ich Comey beim FBI angerufen und ihm gesagt, dass er gar nichts auf die Reihe kriegen wird, solange er nicht ‚den Schleier über der Russlandsache lüftet' – deine klugen Worte, Baby."

„Das ist in Ordnung, aber wenn du über Russland twitterst und in der Öffentlichkeit darüber sprichst", antwortete sie, „dann hältst du die Geschichte damit doch nur am Leben und verbreitest sie immer weiter."

„Genau das habt ihr, dein schlauer Mann und du, vor sechs Jahren auch über Obamas Geburtsurkunde gesagt! Und ich habe nicht auf euch gehört, und darum bin ich jetzt Präsident der Vereinigten Staaten, und du bist eine Assistentin des Präsidenten der Vereinigten Staaten und bist mit einem der Chefberater des Präsidenten der Vereinigten Staaten verheiratet! Und soweit ich weiß – ich habe das nämlich schon von vielen Leuten gehört, alle reden darüber –, schadet es der Trump Organization überhaupt nicht, dass ihr Vorsitzender und Präsident – ihr ehemaliger Vorsitzender und Präsident – jetzt der Präsident der Vereinigten Staaten ist." So viel zu reden hatte mich müde gemacht. Aber im Film wird das eine fantastische Szene.

Außerdem erklärte ich ihr noch mal, dass genau die Tweets, die ihr und Jared und der First Lady nicht gefallen, bei den Leuten am besten ankommen und fünfundzwanzigtausend Retweets kriegen! „Baby“, sagte ich zu ihr, „ich muss den Leuten einfach direkt die Wahrheit sagen. Dadurch fühle ich mich lebendig. Außerdem sagt dein jüngerer Bruder, eine Trump-Armee von vielleicht fünfundzwanzigtausend Leuten würde reichen, um im Notfall einzuschreiten, wenn es hart auf hart kommen sollte, was Gott verhindern möge.“

> **SO VIEL ZU REDEN HATTE MICH MÜDE GEMACHT. ABER IM FILM WIRD DAS EINE FANTASTISCHE SZENE.**

„Das hat Eric gesagt?“

„Nein, Barron. Er hat sich angeguckt, wie es in anderen Ländern gelaufen ist. In der Geschichte. So ein großartiger Junge. Rodrigo ist der gleichen Meinung. Eine spezielle Präsidentenmiliz. Nur für den Fall. Die beiden haben alles schon im Kopf.“

Sie sagte irgendwas von wegen, ich würde mich anhören wie Steve Bannon und dass Steve in letzter Zeit noch schlechter aussehen würde als sonst, obwohl er mir zuliebe immerhin eine Krawatte trägt, dass er bei der Abhörgeschichte überhaupt keine Hilfe gewesen wäre – dass er alles nur noch schlimmer gemacht hätte –, dass Mad Dog Steve nicht leiden könnte, dass er kein Teamplayer wäre, dass wir ihn kaum kennen würden. Und sie fing wieder davon an, dass Steve Jared einen „Fotzenknecht“ genannt hätte (an der Stelle konnte ich ein Lächeln nicht unterdrücken), und so weiter.

„Was Bannon angeht, ist Rodrigo tatsächlich deiner Meinung“, sagte ich. „Ich habe ihn gefragt, was er von Steves Arbeit hält, und er meinte, er hätte gehört, Steve wollte einen Krieg zwischen China und den Philippinen im Südchinesischen Meer anzetteln, was Rodrigo Sorgen macht. Wusstest du das übrigens – China gegen die Philippinen? Und dann zeigt mir Rodrigo heute Morgen auf einmal eins von seinen philippinischen Sprichwörtern auf dem Telefon. Warte, ich habe es mir von ihm schicken lassen – *Lahat ng gubat ay may ahas*. Das bedeutet: ‚In jedem Wald gibt es eine Schlange.' Ich komme mir vor wie in einer Fortsetzung von *Kung Fu*, wo Grashüpfers Enkel Präsident ist und der Enkel von Meister Po für ihn arbeitet. Jedenfalls streiche ich Bannon von der VIP-Liste für den Nationalen Sicherheitsrat, okay?"

Ivanka lächelte, gab mir einen Kuss auf die Wange und ging den Nachtisch holen. Im privaten Leben wie im öffentlichen Leben, von hinten genauso wie von vorn, ist sie einfach die schönste Assistentin des Präsidenten in der amerikanischen Geschichte, so viel steht fest.

„Hey, Dad", sagte sie, als sie mit meinem Eisbecher mit extragroßen Oreo-Keksen zurückkam, „hast du Lust auf ein kleines Fragespiel? Auf meinem iPad?"

„Ich dachte, wir hätten schon geklärt, welche Farbe meine Aura hat. Meinst du, sie hat sich vielleicht verändert, seit ich Präsident bin?"

„Nein, das sind andere Fragen, mehr wie die Dating-Fragen, die ich dir nach der Trennung von Marla gestellt habe. Eigentlich sind es eher ernsthafte Fragen zum Thema Führungsstil."

„Ganz wie du willst."

Zuerst ging es um achtzehn Aussagen, denen ich zustimmen oder widersprechen sollte. „‚Der Goldberg-Fragebogen'", sagte ich. „Ist das irgendein Verwandter von Jared, der Professor geworden ist?" Ich sollte mein Energielevel einschätzen (oberste Kate-

Ivanka kann an wichtigen Wochenend-Meetings nicht teilnehmen, weil das nicht koscher wäre. Aber aus Respekt vor ihr und ihrer Familie stelle ich den Fernseher samstags so leise, dass ich ihn fast nicht hören kann, und fasse nichts an, was *made in Germany* ist.

gorie) und wie viel Schlaf ich brauchte (unterste), sollte angeben, ob ich ein Partylöwe bin (bei jeder Gelegenheit) und ob es anderen schwer fällt, mit mir Schritt zu halten (immer), ob ich so viele Einfälle habe, dass ich oft von einem zum anderen springe (ja!), und ob ich besondere Pläne für die Welt habe (MAGA! Also Make America Great Again!). Die zweite Runde war ähnlich, nur länger, vierzig Fragen, nennt sich NPI und testet irgendwas mit Narzissmus. Ich glaube, ich habe mir überall fünf Punkte gegeben, ohne zu übertreiben, ich war bloß ehrlich – „durchsetzungsfähig“, „außergewöhnlich“, „besonders“, „geborene Führungspersönlichkeit“, „kann andere gut beeinflussen“, „kann mich aus jeder Misere herausreden“ und so weiter. Bei einem Punkt, „Würde ich über die Welt herrschen, dann wäre sie ein besserer Ort“, guckte ich Ivanka an und lächelte.

„Moment mal, Villy Vanka, du willst mich doch verarschen, oder? Die Fragen hat sich doch einer ausgedacht, damit man feststellen kann, wie Trump man ist, oder?“

„Mmh, nein, das sind echte Tests, Daddy, von Professoren zusammengestellt, die gibt es seit Jahren.“

„Und wie ist mein Ergebnis?“

„So einfach ist das nicht. Wir haben sie von einer Expertin für Erfolg und Präsidenten bekommen, die sie für dich auswerten wird. Sie lehrt in Georgetown, tolle Frau, Dr. Gloria Müller, sie war früher beim Militär, hat eine Sicherheitsfreigabe und alles.“

„Müller! Wir lieben die Deutschen. Nur Merkel nicht. Aber ‚Doktor‘? So wie McMaster ein PhD-‚Doktor‘ ist?“ McMaster quatscht und quatscht in Besprechungen, noch viel schlimmer als Mike Flynn in seinen schlimmsten Zeiten. Mike hatte so einen Respekt vor dem Präsidenten.

„Zwei PhDs, Geschichte und Psychologie, glaube ich, aber auch einen Doktor in Medizin, Gloria kennt sich aus, sie ist großartig, du wirst sie lieben – und Dad, du musst mir noch einen Gefallen tun. Einen großen. Jared hat gerade aus dem Irak angerufen, und er sagt, General Dunford hätte ihm gerade erzählt –“

„Dunford…?“

„Der Vorsitzende der Vereinigten Generalstabschefs, irische Marine, Bostoner Dialekt? Wenn du willst, können sie jederzeit ein paar Cruise-Missiles auf Syrien abschießen, um die für den Gasangriff heute Morgen zu bestrafen, ihnen eine Lektion zu erteilen. Hinterher sagst du dann: ‚Meine Meinung zu al-Assad hat sich geändert, seit ich diese schrecklichen Bilder gesehen habe.‘“ Sie nahm wieder meine Hand. „Bitte, Daddy?“

Ich bin mir ziemlich sicher, dass sie Tränen in den Augen hatte.

„Das würde mich sehr glücklich machen“, sagte sie. „Und dich würde es sehr stark und präsidentiell wirken lassen.“

„Klingt gut, Schatz. McMaster hat heute Nachmittag irgendwas von Raketen gesagt, ‚mögliche Option‘, oder Mad Dog, einer von beiden. Aber klar, für dich mach ich das doch gern.“

IVANKA HAT SO EIN UMWERFENDES LÄCHELN. IM GEGENSATZ ZU MIR ZEIGT SIE GERN IHRE ZÄHNE.

„Uuuh, toll! Das ist doch auch eine fantastische Möglichkeit, ein bisschen von der Russlandsache abzulenken.“

„Die sowieso ein großer Schwindel ist, richtig?“

Sie lächelte. Ivanka hat so ein umwerfendes Lächeln. Im Gegensatz zu mir zeigt sie gern ihre Zähne.

KAPITEL 21 ★ ★ ★ ★ ★ ★ ★ ★ ★ ★ ★ ★ ★

UND IN DER HAUPTROLLE: DONALD J. TRUMP

Ich hatte ein unfassbar tolles Wochenende im Südlichen Weißen Haus, ein wirklich herausragendes, fantastisches und auch unheimlich erfolgreiches Wochenende.

Erstens konnte ich drei Tage und drei Nächte dort unten bleiben, was mich immer zu einem noch leistungsfähigeren Präsidenten macht. Plus zweimal achtzehn Löcher auf dem Trump International – ich spiele immer noch besser als je zuvor im Leben, so gute Ergebnisse und so viele Hole-in-Ones!

Es ist mir schon fast peinlich, dass ich die ganze Zeit von meinen Wahnsinnserfolgen auf dem Golfplatz erzähle, darum nur noch eins: Ich bin ziemlich sicher, dass niemand jemals so gut gespielt hat wie ich an diesem Wochenende. Und jetzt war's das, versprochen. Keine Berichte vom Golfplatz mehr.

Zweitens war es so eine gute Idee von Ivanka, die Cruise-Missiles auf Syrien abzuschießen, die Tomahawks, was ich sofort nach der Landung in Palm Beach in die Wege geleitet habe – „Bereit zum Abschuss, Sir!", hat Mad Dog tatsächlich gesagt, das war so fantastisch, und dann habe ich das Kommando „Feuer!" gegeben, und die Medien und die ganzen Globalisten meinten alle: „Oh, jetzt ist er ein großer, bedeutender Präsident, so stark, nicht wie Obama, und die Russen haben ihn dafür kritisiert, also ist er auch keine Marionette!" So einfach ist das. Am Freitag habe ich in Mar-a-Lago zu meinem Team – Bannon, Jared, Reince, Tillerson, McMaster – gesagt: „Das meinte ich die ganze Zeit, die ganze Nummer hier funktioniert ein bisschen wie Reality-TV, okay, in jeder Staffel braucht man solche großen Momente, und einmal pro Staffel müssen wir so was wie mit den Cruise-Missiles machen, okay?" Ich glaube, sie haben es jetzt kapiert. Und es ist niemand gestorben, was auch toll ist, fast niemand, ganz wenige bloß, abgerundet angeblich so gut wie keiner.

Drittens hat Amerika dank mir seit meinem langen Wochenende in Palm Beach mit Präsident Xi, was man übrigens so wie Zsa Zsa ausspricht, eine Beziehung zu China, wie wir sie noch nie hatten.

„Wow, Präsident Xi", sagte ich, als wir in Mar-a-Lago ankamen, „wie groß sind Sie, eins achtzig? So groß! Sehr groß! Meiste Chi-

Weltpolitiker nach Größe

1,90 m
Präsident Trump
Vereinigte Staaten

1,88 m
Justin Trudeau
Kanada

1,88 m
Baschar al-Assad
Syrien

1,82 m
Benjamin Netanjahu
Israel

1,78 m
Malcolm Turnbull
Australien

1,77 m
Emmanuel Macron
Frankreich

1,75 m
Shinzō Abe
Japan

1,72 m
Enrique Peña Nieto
Mexiko

1,72 m
Theresa May
Vereinigtes Königreich

1,72 m
Moon Jae-in
Südkorea

1,70 m
Kim Jong-un
Nordkorea

1,70 m
Wladimir Putin
Russland

1,65 m
Angela Merkel
Deutschland

nesen nicht so groß! Gut, wenn Führer groß!“ Er nahm das Kompliment dankbar an und wusste auch meine deutliche Aussprache zu schätzen, weil er kaum Englisch spricht. „Tut mir leid, dass Sie mussten selbst vom Flughafen herfahren“, sagte ich und machte eine Lenkradbewegung, ganz diplomatisch. „Nächstes Mal nehmen gleich Hubschrauber – bester Hubschrauberlandeplatz werden gerade gebaut, da auf Rasen.“ Wir hatten auf Anhieb einen Draht zueinander.

DIE GANZE NUMMER HIER FUNKTIONIERT EIN BISSCHEN WIE REALITY-TV.

Weil Nordkorea gerade eine Rakete abgefeuert hatte, so wie damals, als der japanische Premierminister zu Besuch war und wir auch in Mar-a-Lago gewesen waren, hatte ich so ein komisches Déjà-vu und brachte die beiden Staatsoberhäupter manchmal ein bisschen durcheinander – redete mit Präsident Xi über Sushi und die Yakuza, vergaß kurz, dass er ja schon Atomwaffen hat. Da war es eigentlich ganz gut, dass Xi nicht Golf spielt, weil ich sie daran unterscheiden konnte. Eine andere Eselsbrücke war „China groß, Japan klein“, weil Abe die normale asiatische Zwergengröße hat. (Xi sagt, Kim Jong-un ist auch klein. Darum habe ich den Nationalen Sicherheitsrat angewiesen, mir so eine fantastische Aufstellung zu machen, eine Art Broschüre mit Bildern von allen wichtigen Staatsoberhäuptern, nach Größe geordnet. Ich glaube, das wird sehr nützlich sein. Wenn man sie so alle zusammen sieht, wird einem erst mal klar, wie viele von ihnen nicht weiß sind. Was total in Ordnung ist.)

Xis First Lady, Madame Peng, sieht tatsächlich richtig gut aus – ich meine es ernst, vor allem für ihr Alter, hat mich an Imelda Marcos erinnert, die mich übrigens mal unter einem Vorwand dazu gebracht hat, sie vom Studio 54 abzuholen, als ihr Mann philippinischer Präsident war.

Bevor Xi Präsident wurde, war Madame Peng einer von den größten Stars in der chinesischen Unterhaltungsindustrie, was bedeutet, dass wir viel gemeinsam haben. Einmal hat sie beim Abendessen in Mar-a-Lago erzählt, ihre Tochter hätte gerade ihren Abschluss in Harvard gemacht, und weil Jared genau gegenüber saß, sagte ich zum Spaß, sie und ihr Mann hätten zumindest nicht 2,5 Millionen Dollar investieren müssen, um sie in Harvard reinzukriegen, wie die Kushners! Wir hatten einfach einen Draht zueinander.

Tagsüber, zwischen meinen Golfpartien und den Dinners, führte ich fantastische Gespräche mit Präsident Xi über Korea, bei denen wir uns beide komplett unter den Kimono gucken ließen. (Tillerson meinte später, das hätte ich wohl nicht so ausdrücken sollen, aber was soll's, ich bin nicht PC.) Vor unserem Gespräch hatte ich gedacht, Nordkorea wäre wie das Puerto Rico von China, wenn Puerto Rico eigene Atomwaffen hätte; ein armer, unkultivierter kleiner Nebenschauplatz, über den er herrscht. Ich lag ein bisschen daneben – und ich gebe es zu, wenn ich ein bisschen danebenliege. Jedenfalls wird sich Präsident Xi jetzt für uns um Nordkorea kümmern, und wir drücken wegen den großen Handelsdefiziten und so weiter ein Auge zu. Vielleicht wird Amerika in der Zukunft auch nicht so viel Militär in Südkorea stationieren, wer weiß. Aber die Sache ist die: Ich war noch nie in Nordkorea, habe nie ein Buch darüber gelesen, nie einen Kurs dazu belegt, nichts dergleichen, aber nachdem ich zehn Minuten lang mit dem wahren Experten mit der wahren Macht statt mit irgendeinem CIA-„Experten“ oder Klugscheißer vom Auswärtigen Amt darüber geredet habe, verstehe

ICH LAG EIN BISSCHEN DANEBEN – UND ICH GEBE ES ZU, WENN ICH EIN BISSCHEN DANEBENLIEGE.

ich es jetzt komplett, worum es geht. Ich glaube, das ist wie mit den Nachhilfelehrern, die meinen Kindern geholfen haben, auf ein gutes College zu kommen. Das ist Effizienz, das ist Grundkurs *Management*, so machen das die CEOs, und so macht es der Präsident.

In den letzten zwei Wochen meinten alle immer nur: „O mein Gott, Trump wird Nordkorea angreifen, o mein Gott, er wird einen Krieg anzetteln, o nein.“ Aber ich hatte im Nachhinein noch mehrere tolle Telefongespräche mit meinem sehr engen Freund Xi, der mich auf eine Art respektiert, wie er Obama nie respektiert hat – so viel steht fest. Er hat mich daran erinnert, dass Kim sich bloß in seiner Haut wohlfühlen will. Keiner lässt sich gern labil oder übergewichtig oder verzogen nennen. Vor allem wenn er mächtig und reich ist, aber komplett von der Welt isoliert wie Kim, stimmt's? Und ich weiß, wie man Leuten schmeichelt. Grundkurs *Marketing*.

★ ★ ★ ★ ★ ★ ★ ★ ★ ★ ★ ★ ★

Als Präsident muss man nicht bloß Amerika schützen und für Frieden sorgen, man muss sich auch noch um alle möglichen Kleinigkeiten kümmern. Zum Beispiel: Nachdem wir Assad auf die Finger gehauen haben, hat Sean viel Ärger gekriegt, weil er meinte, selbst Hitler hätte seine Leute nicht so vergast wie Assad. Als er sich hinterher im Oval bei mir entschuldigt hat, musste Sean ein bisschen weinen, und ich muss sagen, so was beeindruckt mich immer wieder auf Neue, so wie wenn jemand Fremdsprachen kann oder wenn Frauen ihre Tage kriegen. Bei meinem Routineanruf bei Rupert am nächsten Tag habe ich ihn darum gefragt – nachdem ich mich bedankt hatte, dass er diesen einen

Kolumnisten vom *Wall Street Journal* gefeuert hat, der mich hasst –, ob er den armen kleinen Sean nicht mal anrufen könnte, um ihn aufzumuntern, und das hat er dann auch gemacht. Grundkurs *Management*.

Gleich danach kam Ivankas wissenschaftliche Führungs-Spezialistin Dr. Müller für unsere erste Sitzung vorbei. So eine kluge Frau, Yale, vier Jahre beim Nachrichtendienst der U. S. Navy, weiß genau, was man als Präsident durchmacht, und sieht extrem gut aus, ein bisschen jünger als die First Lady, so wie Kelly McGillis, als sie in *Top Gun* die Freundin von Tom Cruise gespielt hat, „Charlie", die Air-Force-"Wissenschaftlerin".

Sie sagte, es würde stimmen, was Ivanka erzählt hatte – dass sie Ärztin wäre und deshalb alles, was ich erzählte, streng genommen vertraulich wäre, wenn ich wollte, wie bei einem Anwalt das Anwaltsgeheimnis. Sie sagte, meine Ergebnisse bei den Führungstests, sie nannte sie „Inventorys", wären „ganz außergewöhnlich" und „würden alles bisher Dagewesene in den Schatten stellen". Ich dachte erst, sie wollte sich bei mir einschmeicheln, aber sie lächelte gar nicht dabei, sondern sagte es auf so eine ernste und neutrale und irgendwie rätselhafte Art, so wie die First Lady oft redet, wenn wir allein sind. Dann zeigte mir Dr. Müller die Diagramme und sagte, das würde auf beides zutreffen, den Goldberg-Test und besonders das NPI, Ich hätte bei beiden so hohe Werte erzielt, es wäre ganz erstaunlich. Also mich hat es nicht überrascht.

Sie fragte mich, ob mich die Arbeit als Präsident angespannt machte oder ob ich manchmal an meinen „Fähigkeiten" zweifelte. Ganz schön frech, dachte ich.

„Tja, Charlie", sagte ich, „darf ich Sie Charlie nennen? Ich zweifle nie an meinen Fähigkeiten. Nie, weil ich auf lange Sicht immer Erfolg habe, also machen Sie sich darüber keine Gedanken. Ich bin immer angespannt, aber zum Siegen braucht man Anspannung. Vergessen Sie die ‚Anspannung', unter uns gesagt, würde ich mir wünschen, dass der Job als Präsident weniger langweilig wäre. Und nicht bloß langweilig – ich meine, langweilig ist vieles, so wie die Nachrichten auf PBS, habe ich gestern Abend aus Versehen eingeschaltet, wobei sie ganz nett über mich geredet haben. Und die meisten Menschen sind auch langweilig, ich kenne welche, die finden selbst ihre Schwiegertöchter und sogar manche von ihren Kindern langweilig. Aber so vieles an dem Beruf ist auf so eine langweilige Art kompliziert. So wie Bedienungsanleitungen oder die Steuererklärung oder die Uni."

SO VIELES AN DEM BERUF IST AUF SO EINE LANGWEILIGE ART KOMPLIZIERT.

Als sie mich fragte, wie ich „die Spannung abbauen" würde, überlegte ich wirklich, ob sie in Richtung Monica Lewinsky steuerte, aber sie meinte Religion, Hobbys, Sport und so weiter. „Alles davon", sagte ich. Ich erklärte ihr, ich würde zweimal die Woche zwei Runden Golf spielen und dabei andere Politiker treffen, „Multitasking", und an Ostern würde ich in Palm Beach in die Kirche gehen.

Ich sagte auch, dass twittern mir helfen würde, den Stress abzubauen. „Aber sie wollen, dass ich damit aufhöre, Ivanka und Jared und alle. Und bei den langweiligen Sachen, die ich twittern soll, fühle ich ungefähr … gar nichts. Das halte ich ein paar Tage aus, manchmal fast eine Woche, und dann muss ich einfach ein paar richtige Tweets raushauen, verstehen Sie? Das staut sich an. Diese Raketen auf Syrien abzufeuern, das hat sich angefühlt wie der beste Tweet aller Zeiten, wie eine wichtige Botschaft, bei der alle dachten: Wow, er ist der Präsident, er ist unser Mann, America first. Ich glaube, viele Präsidenten bauen auf diese Art Spannung ab. Und ich habe es vom Südlichen Weißen Haus aus gemacht, also konnte ich mich hinterher wunderbar entspannen. Ich glaube, in dem Moment verstand ich, worauf Dr. Müller hinauswollte – twittern und Raketen abfeuern und Sex sind ganz verschiedene Sachen, aber hinterher ist man auf ganz ähnliche Art entspannt. Kluge Frau.

Ivanka vertraue ich komplett. Jared misstraue ich nicht; er kann extrem nervig sein, und er ist zu dünn für einen Mann, aber ich traue ihm, wie ich Rodrigo oder Anthony traue, so wie man vertrauenswürdigen Leuten traut, die das Trump-Gen nicht haben.

IVANKA VERTRAUE ICH KOMPLETT. JARED MISSTRAUE ICH NICHT.

Dr. Müller hat auch gesagt, wenn Bannon mich nervös macht oder ich das Gefühl habe, er liest meine Gedanken, dann sollte ich wahrscheinlich weniger Zeit mit ihm verbringen. Was mir zu denken gegeben hat – wenn er endlich aus dem Weißen Haus verschwinden und wieder in die Unterhaltungsbranche gehen würde, dann könnte ich ihn meine *President-Batman-* und *Kung-Fu-President*-Ideen zu Filmen oder Serien weiterentwickeln lassen. Als ich das sagte, streckte Dr. Müller beide Daumen in die Luft – was ich hübsch fand, sehr niedlich, weil das ja eigentlich ein Trump-Ding ist.

MITZI: *To-do-Liste des Präsidenten*
Rodrigo, Apotheke, neue Dr.-Müller-Ergänzungsmittel und -Vitamine besorgen.

Und wo wir schon von „Multitasking" reden: Ich habe gerade ein halbes Kapitel von diesem Buch geschrieben, indem ich eine

Stunde mit einer Professorin geredet habe, so wie ich mit den „Autoren" von meinen früheren Büchern geredet habe, aber diesmal habe ich die komplette Kontrolle darüber, was geschrieben wird, und ich behalte den kompletten Vorschuss und alle Tantiemen. Win-win.

KAPITEL 22 ★ ★ ★ ★ ★ ★ ★ ★ ★ ★ ★ ★ ★

ICH BEKOMME NIEMALS PANIK

Als Rodrigo mein Frühstück brachte, schüttelte er den Kopf. Ich dachte, er würde sich immer noch darüber ärgern, was gestern Abend passiert ist, als Kid Rock, Ted Nugent und Sarah Palin zum Essen hier waren – die heruntergelassenen Hosen auf dem Truman-Balkon, das mit den Fingern betatschte Omelette Surprise, die beiden fehlenden Untertassen und so weiter.

Er schüttelte immer noch den Kopf, als er die leeren Doritos-Tüten und Coke-light-Dosen von meinem Nachttisch nahm.

Ich sah das philippinische Sprichwort auf meinem Frühstückstablett, das er jetzt ungefähr einmal in der Woche dazulegt, sowohl in der Sprache, die die Leute dort „Tagelang" nennen, als auch in richtigem Englisch. „Eine schlafende Garnele wird von der Strömung fortgetragen."

„Willst du damit sagen, ich soll aufstehen, Rodrigo?"

„Nein – aber ich habe auf Fox News gesehen, dass Sie als Präsident gefeuert worden sind, mein Freund, o nein, es ist so schade, wegen dem, was diese Frauen in der *New York Times* über Sex gesagt haben."

Ich war so überrascht, dass Ovomaltine und Bacon-Stückchen aus meiner Nase über die Zeitung spritzten. „Du meinst Bill O'Reilly, Rodrigo – niemand hat mich gefeuert, mich kann niemand feuern."

„Ja, natürlich, Mr. President, das habe ich ja auch gesagt – das mit Ihrem Freund Bill O'Reilly ist so schade, Fox News hat ihn gefeuert."

Eigentlich war Bill mehr ein Kollege als ein Freund. Aber für die Elitären und die Liberalen und Fake-Medien war O'Reillys Rausschmiss so eine Art Generalprobe für meinen eigenen. „Trump können wir nicht zerstören, also zerstören wir den Nächstbesten", einen großgewachsenen Typen Ende sechzig, der ständig auf Fox zu sehen ist; ein bekannter Typ aus einem Vorort von New York, der in Manhattan aber so viel Erfolg hat, dass sie ihn dort hassen; ein Typ mit Humor, der polarisiert, sich nicht um Politische Korrektheit kümmert und nie ein Blatt vor den Mund nimmt. Und dabei haben sie sich alle vorgestellt, wie sie nicht ihn, sondern mich fertigmachen, so viel steht fest, hundertprozentig. Als ich das mit O'Reilly gestern Abend gehört habe, habe ich sofort unten beim Secret Service angerufen und denen gesagt, wir müssten den Gehweg vor dem Weißen Haus aus Sicherheitsgründen permanent absperren, und ein paar Minuten lang bekam ich schlecht Luft, worauf eine der Angestellten falsch und unangemessen reagiert hat, als sie ganz laut sagte, „dass der Präsident offenbar eine Panikattacke hat".

ICH HATTE KEINE PANIK. ICH HABE NIE PANIK. ICH HATTE ZWISCHEN 1990 UND 1992 KEINE PANIK.

Ich hatte keine Panik. Ich habe nie Panik. Ich hatte zwischen 1990 und 1992 keine Panik, als ich nicht pleiteging. Da kann man jedes Familienmitglied fragen, jeden, der mich kennt oder je für mich gearbeitet hat. „Trump kriegt keine Panik", werden sie sagen, das verspreche ich. Alle, die mich jemals in Panik gesehen haben, als ich klein war oder so, sind jetzt tot – mein Vater zum Beispiel, der an einem fantastischen Freitag im Sommer 1999 gestorben ist, eine Woche nach meinem Geburtstag, als ich Single war, tolle Zeit in meinem Leben, aber natürlich „bittersüß" wegen der Beerdigung, wobei er sehr alt war und zu der Zeit längst nicht mehr alle beisammen hatte. Statt Panik zu kriegen, beseitige ich einfach die Probleme, die mich in Panik versetzen wollen.

Ich habe auch jetzt keine Panik. Ich habe nie panisch meine Meinung über China oder Syrien oder die NATO oder mein Verhältnis zu Korea oder sonst irgendwas geändert. Ich habe meine Meinung sogar überhaupt nicht geändert, jetzt kann ich es ja sagen – meine aktuellen Standpunkte sind schon immer meine aufrichtigen Standpunkte gewesen, aber Sieger lassen sich nicht in die Karten gucken, Sieger sind unberechenbar, Sieger überraschen die Verlierer. Außerdem ist es wie bei jeder einzelnen Staffel von *The Apprentice* und *The Celebrity Apprentice* und in allen Filmen – um das Interesse der Leute zu wecken, braucht man das, was man einen „Spannungsbogen" nennt, bei dem der Held unerwartete Sachen macht und die Geschichte überraschende Wendungen nimmt. Grundkurs *Entertainment*, was eigentlich bloß ein anderer Name für Grundkurs *Management* und Grundkurs *Marketing* ist.

Ich kriege auch wegen der Russlandlüge oder den widerlichen Informanten aus den Nachrichtendiensten oder den gefälschten Umfragen keine Panik. Ich kriege keine Panik, dass Mike Flynn mich hintergehen könnte, denn er weiß, was Loyalität heißt und er kennt den Abschnitt in der Verfassung, in dem steht, dass der Präsident jeden für alles begnadigen kann. Das ist wirklich großartig, und darum habe ich Mike heute eine Nachricht geschickt und ihn noch mal daran erinnert – „Bleib stark, alles wird gut, versprochen." Und ich kriege auch keine Panik wegen den verlogenen Fake News und den archaischen Regeln im Kongress und den ganzen sogenannten Richtern und armseligen Demokraten und Bürokraten im „Deep State" – von dem ich wie die meisten Leute bis gerade eben auch noch nie was gehört habe –, die alle „konspirieren", um mich daran zu hindern, Amerika wieder groß zu machen. Ich glaube nicht, dass sie Amerika alle hassen, aber sie hassen alle die Vorstellung, dass ich erfolgreich sein könnte, also sind sie bereit, Amerika in einem schrecklichen Zustand zu belassen, nur damit Trump schlecht dasteht. Aber ich werde siegen, ich werde siegen, ich werde siegen – oder wie mein Dad immer so laut auf Deutsch sagte, dass es manchmal sogar die Nachbarn hörten: *„Der Sieg ist mein!"*, was dasselbe bedeutet.

Ich kriege keine Panik – ich konzentriere mich. Ist was ganz, ganz anderes. Wenn du Panik kriegst, heißt das, du hast Angst. Wenn ich will, dass irgendwas schnell passiert, dann befehle ich, fordere ich, versetze ich andere in Panik, wenn's sein muss, mache ihnen Angst, den Leuten, die für mich arbeiten, und denen, die gegen mich sind, damit sie tun, was getan werden muss – und darum brauche ich keine Angst haben. Und die Leute um mich herum werden immer viel mehr Angst haben und sich immer viel schwächer vorkommen, als ich es jemals tun werde. Grundkurs *Management* und Grundkurs *Marketing*.

Ich habe mich zum Beispiel so gut auf diese Strategie konzentriert, dass Obamacare jetzt abgeschafft und durch irgendwas anderes ersetzt wird. „Ihr kümmert euch nur um abschaffen und ersetzen", sagte ich zu Ryan und Priebus. „Ihr habt neun Tage, höchstens zwei Wochen – sonst gibt's Ärger, Reincey." Das hat ihm Angst eingejagt, aber ich habe gemerkt, dass Ryan lächeln musste.

Meine Konzentration hat dazu geführt, dass meine Finanz- und Wirtschaftsleuten es in wenigen Wochen geschafft haben, einen fantastischen Plan zu entwerfen, die größte Steuerkürzung in der Geschichte dieses Landes und eine von den größten weltweit – fast keine Steuern mehr. Ich habe ihnen ganz klare Ziele genannt: alle Steuern abzuschaffen, die bloß den erfolgreichen Leuten schaden, um Amerika wieder zu dem zu machen, was es mal war, damals, als alle noch in schönen Häusern gewohnt haben und fast niemand ermordet wurde und die Väter, die keine Drecksarbeit machen mussten, immer Krawatte trugen.

ICH HABE IHNEN GANZ KLARE ZIELE GENANNT: ALLE STEUERN ABZUSCHAFFEN, DIE BLOSS DEN ERFOLGREICHEN LEUTEN SCHADEN.

★ ★ ★ ★ ★ ★ ★ ★ ★ ★ ★ ★ ★

Als ich verkündet hatte dass wir bald den großartigen Steuerplan vorstellen würden, behaupteten meine Finanz- und Wirtschaftsleute, ich hätte ihnen nie was von der hunderttägigen Deadline gesagt – was so falsch ist, dass ich so laut und so lange darüber lachen musste wie damals, als einer von Tillersons Leuten einen echten afrikanischen Präsidenten namens „Omar Bongo" erwähnt hat. Meine Wirtschaftsleute stürmten aus dem Oval, um sich sofort an die Arbeit zu machen, weil sie wussten, dass sie Mist gebaut hatten. Sie stellten den Plan in ein paar Tagen fertig, und mehr war dafür auch nicht nötig, wie jeder weiß, der auf der Uni schon mal am Abend vor der Abgabe für eine Semesterarbeit bezahlt hat.

Durch die Eile wurde es auch aufregender für alle Beteiligten. Es ging quasi auf das Ende von Staffel eins zu, und eine Schlussfolge braucht unbedingt Aufregung – wie an Tag siebenundneunzig, als ich sagte, ich würde mich aus dem miesen Handelsabkommen von den Clintons mit den Mexikanern und Kanadiern zurückziehen, das bekanntlich unsere Wirtschaft zerstört hat. „Schluss mit NAFTA" – und wie sie sich alle aufregten! Ivanka sagte, sie wäre sich fast sicher, der Präsident von Kanada und der Premierminister von Mexiko würden mich beide am nächsten Tag anrufen und mich um einen besseren Deal anflehen – und genau so war es, einer nach dem anderen! (Gut zu wissen, dass Ivanka welche von meinen „besonderen" Superkräften geerbt hat.)

Als ich am nächsten Morgen mit meinem Bacon und meiner Ovomaltine mein wöchentliches philippinisches Sprichwort serviert bekam – *Ang umaayaw ay di nagwawagi, ang nagwawagi ay di umaayaw*, was eine ziemlich umständliche Art ist, „Sieg oder stirb" zu sagen –, beschloss ich, den philippinischen Präsidenten anzurufen. Dort war es noch der Abend vom Tag davor. Ich liebe diese internationale Zeitreisegeschichte. Ehrlich gesagt ist das ein perfektes Druckmittel gegen Kim Jong-un, wenn es jemals zum Krieg kommen sollte; ein militärischer Vorteil, den unsere Generäle, Nachrichtendienste und anderen Präsidenten immer übersehen haben. „America First" heißt nämlich auch, dass wir sogar die Tage als Erste kriegen, weil in Korea noch Freitag ist, wenn in Amerika schon der Samstag angefangen hat.

Rodrigo hatte mir erzählt, dass Präsident Duty-Free Englisch spricht, was toll war. Und wie sich herausstellte, hieß er mit Vornamen auch Rodrigo, was unheimlich ist, mir aber gleich das Gefühl gab, ihn schon lange zu kennen.

Guter Typ, toller Typ, Wahnsinns-Energie – hat mir erzählt, dass er eigentlich Dirty Tea heißt. Er blieb dabei ganz höflich, aber wenn ich ihn noch mal Duty-Free nennen würde, sagte er, könnte es passieren, dass er ein paar von den Mitarbeitern in unserer Botschaft in Manila mit Drogendealern „verwechselt". Das war natürlich ein Witz, und wir lachten ordentlich darüber – aber ich sagte ihm, dass ich wirklich ernsthaft begeistert wäre, wie er das mit dem Drogenproblem in seinem Land regelt. Er sollte mir helfen, das bei uns auch in den Griff zu kriegen. Daraufhin machte er Schussgeräusche wie ein kleines Kind – „Peng! Peng! Peng!" –, was sehr lustig war. Er sagte auch, dass er hoffte, ich würde Nordkorea nicht den Krieg erklären – oder ihm wenigstens vorher Bescheid sagen, damit er sich rechtzeitig verziehen könnte! Witziger, witziger Typ. Hatte gleich einen Draht zu ihm, also lud ich ihn in beide Weiße Häuser ein und sagte ihm, mein Chefbutler und Internationaler Sonderberater für Minderheiten würde ihm eine Ochsenpenissuppe mit Hühnerfußnägeln und Grillen machen – mein Rodrigo schwört, dass die so was wirklich essen, was einem schon zu denken gibt.

Kurz darauf sorgte ich auch für große Aufregung, als ich sagte, dass Kim Jong-un ein schlaues, toughes Kerlchen wäre und dass es mir eine Ehre wäre, mich mit ihm zu treffen. Xi meinte, so würde man ihn dazu kriegen, dass er macht, was man will (ach was?), aber ich fand auch wirklich, dass Kim ein schlauer, tougher junger Bursche ist. Wie dieser General Sissi in Ägypten, wie Putin und Xi. Diese Kerle gefallen mir, weil die einen nicht verarschen, da gibt es keine verlogenen „Prinzipien", nur völlige Ehrlichkeit – und im Gegensatz zu den Europäern und den Schönlingen und Gesundheitsfanatikern, die in Kanada und Mexiko regieren, tun sie nicht so, als wären sie schlauer oder erfahrener oder netter als ich. Aus einem ähnlichen Grund habe ich mich zu all meinen Frauen hingezogen gefühlt – keine von ihnen sprach perfekt Englisch, also bestand nie Gefahr, dass sie auf mich runtergucken.

Auch wenn die Sache mit den „ersten hundert Tagen", die ich bald Präsident war, nicht in der Verfassung oder den Gesetzen oder überhaupt irgendwelchen Regelwerken steht, sondern bloß ein total bedeutungsloser Test ist, den sich die Fake-Medien ausgedacht haben, damit ich Panik bekomme und mich schlecht fühle (was auch der einzige Grund ist, warum sie sich immer über meine kleinen Hände lustig machen), sagen jetzt sogar die Politik-Experten und Professoren, dass meine hundert Tage die unvergesslichsten seit Roosevelt waren – jemand hat mir die Artikel mit den Schlagzeilen gezeigt. Zur Feier der hundert Tage haben wir in Pennsylvania, wo ich Hillary geschlagen habe, obwohl dort noch nie ein Republikaner gewonnen hatte, eine gewaltige Kundgebung veranstaltet. Ich fühlte mich toll, echt phänomenal – und ich glaube, die neuen Ergänzungsmittel verstärken meine Superkräfte sogar noch, wobei mich Ivanka, die gerade vorbeigegangen ist, als ich das gesagt habe, ermahnt hat zu „schreiben", dass meine ganzen Pillen und Kapseln komplett natürliche und biologische Vitamindinger sind.

Ich hatte wieder einen Lauf, also machte ich auch nach dem Ende der ersten Staffel ein bisschen so weiter. Es sah allerdings so aus, als wäre alles komplett improvisiert – Überraschung, Überraschung, Überraschung – die Stimmung weiter hochkochen lassen. Zum Beispiel sagte ich, ich würde vielleicht die Benzinsteuer erhöhen, um von dem Geld lauter neue Sachen anzuschaffen: Autobahnen, Brücken, Flughäfen, Schiffe, Raketen, Panzer, Laser, Computer, alles vom Feinsten, alles brandneu, und vielleicht würde ich JPMorgan Chase und Citigroup und Goldman Sachs und die ganzen großen Banken auflösen.

Ich fühlte mich toll, unfassbar gut und so was von großartig, echt unglaublich. Das kann man sich gar nicht vorstellen.

KAPITEL 23 ★ ★ ★ ★ ★ ★ ★ ★ ★ ★ ★ ★ ★

„TÖTEN“ IN ANFÜHRUNGS-STRICHEN

Wie schon gesagt, aber manchmal vergesse ich es selbst: Nach jedem großen Hoch kommt ein großes Tief. Und ich bin Trump, also fallen beide extremer aus als bei normalen Leuten.

Bei der Einhundert-Tage-Party im Rose Garden guckte ich zu Paul Ryan rüber, und er sah ganz böse aus, wie ein grinsender Vampir, richtig unheimlich. Ich musste daran denken, dass Paul sich immer in Fenstern und Spiegeln anguckt, was nicht vampirmäßig ist, aber irgendwie schwul, und ich habe gehört, Vampire fahren zweigleisig, beißen und lutschen an Männern genauso rum wie an Frauen, völlig egal. Die First Lady ist übrigens so eine Art Vampirexpertin, weil Vampire aus ihrem Teil von der Welt kommen. Auf jeden Fall sah Paul Ryan an dem Nachmittag eindeutig nicht vertrauenswürdig aus, und wenn ich so einen starken Instinkt habe, heißt das normalerweise auch was – ich vertraue stärker auf mein Bauchgefühl als auf sonst irgendwas, so wie andere auf „Gott“ oder „die Wissenschaft“ vertrauen.

Ich zog mich ins Oval Office zurück, um mich zu sammeln und meine Ergänzungsmittel zu nehmen. Als Rodrigo mir ein Tablett mit ein paar nachmittäglichen Hähnchen-Crossies raufbrachte, war eins von diesen kleinen Kärtchen mit einem philippinischen Sprichwort dabei: *Huag kang magtiwala sa di mo kilal*, „Vertraue keinem Fremden“, was ich ganz genauso sehe, aber wer ist denn schon kein Fremder, außer vielleicht die eigene Mutter und manche von den eigenen Kindern?

Als ich meine Hähnchen-Crossies aß, rief Jeff Sessions an. Er stammelte aufgeregt herum wie immer. Ich sagte, er soll aufhören zu stottern wie ein kleiner Junge. „Geht es wieder um Comey, die komische Show, die er gestern im Senat abgezogen hat, ‚Ich habe für einen Ausweg gebetet“ und „mir wird übel, wenn ich daran denke“?

MANCHMAL VERGESSE ICH ES SELBST: NACH JEDEM GROSSEN HOCH KOMMT EIN GROSSES TIEF.

Er sagte, er würde zwar wegen dem FBI-Direktor anrufen, aber es würde um was anderes gehen – Comey hätte gerade um ein größeres Budget für die FBI-Ermittlungen in der Russlandsache gebeten. „Und er erzählt überall herum, Sie, Sie … Sie seien ‚nicht normal‘ und ‚verrückt‘, Mr. President.“

Ich dachte erst, das wäre vielleicht einer von diesen psychologischen Tricks, wo man etwas schlimmer darstellt, als es in Wirklichkeit ist, also ließ ich es Jeff noch mal sagen und stellte auf Lautsprecher, damit Rodrigo es auch hören konnte. „Ja, Mr. President“, sagte Jeff, „Sie haben richtig gehört, Comey will mehr Geld, um die Verbindungen des Wahlkampfteams zu Russland zu untersuchen, und er sagt: ‚Der Präsident ist nicht normal‘, und ‚Der Präsident wirkt verrückt.‘“

Trump ist nicht normal? Ich bin einer der normalsten Menschen, die's gibt – darum unterstützen mich die normalen Amerikaner ja so eifrig, weil ich genauso bin wie sie, nur vielleicht schlauer und deutlich erfolgreicher, und meine Frau sieht viel, viel besser aus. Wenn man 20 Milliarden Dollar schwer ist, weil man eins der erfolgreichsten Unternehmen der Welt aufgebaut hat, und zum Präsidenten gewählt wird, heißt das nicht, dass man das genaue Gegenteil von „verrückt“ ist? Für mich war Comey immer ein Freak, er ist viel zu groß. Ich frage mich, ob er so eine Riesenkrankheit hat. Bevor Sessions mir erzählte, dass er mich verrückt genannt hat, war mir jedenfalls nicht wirklich klar, was für ein total durchgeknallter Spinner der Typ ist. „Wow“, sagte ich.

TRUMP IST NICHT NORMAL? ICH BIN EINER DER NORMALSTEN MENSCHEN, DIE'S GIBT.

Als wäre das noch nicht schlimm genug gewesen, sagte mir Rodrigo, ich hätte siebzehn Nächte am Stück im Weißen Haus verbracht, mehr als irgendwer zuvor in der Geschichte. Ich glaube, das, was ich vorhin „Kryptonit“ genannt habe, das viel zu langweilige Präsidentsein, war tatsächlich schon dabei, meine Kräfte zu schwächen – Rodrigo meinte übrigens, das könnte mit dem Blei in den sehr alten Wasserleitungen im Weißen Haus zu tun haben. Ich muss in ein Haus, das mir gehört und über das ich völlige Kontrolle habe. Sofort.

Von Washington, D. C., aus sind die nächsten Trump-Häuser in New York – aber ich wusste, dass sie mich im Nördlichen Weißen Haus, dem Trump Tower, vielleicht immer noch abhörten, weshalb ich in letzter Zeit nicht oft dort war. Bestimmt rechneten sie damit, dass ich dorthin fliehen würde, also trickste ich sie aus, überraschte sie, schlug ein paar schnelle Haken, genau wie im Film, und hörte dabei den speziellen Soundtrack, den Barron mir auf mein Telefon gespielt hat: Ich flog mit der Air Force One zu einem Flughafen, der nach einem reichen und gut aussehenden Präsidenten mit einer wunderschönen First Lady benannt ist, und dann noch ein kleines Stück im Marine One, umgeben von den Marine-One-Doubles, was ich liebe, wie bei einem Kampfeinsatz, bis zu einem Landeplatz in der Wall Street; und dann war es wie bei einer Oberbefehlshaber-Konfettiparade, als wir in der Kolonne zur USS Intrepid fuhren, meinem speziellen Präsidenten-Flugzeugträger, der im Hudson River vor Anker lag, um mich vor Angriffen auf New York zu schützen. Von da aus sind wir nach Einbruch der Dunkelheit mit dem Helikopter zum Trump International Golf Club in New Jersey geflogen, zu meiner privaten Villa, die mir gehört, mit 212 Hektar Land, die auch mir gehören. Anthony meinte, das wäre das Trump-Grundstück mit den am einfachsten zu verteidigenden Grenzen und den besten Positionierungsmöglichkeiten für Waffensysteme – und außerdem gibt es im Clubhaus, das für mich rund um die Uhr geöffnet ist, diese fantastischen frittierten Maccaroni-and-Cheese-Nuggets.

★ ★ ★ ★ ★ ★ ★ ★ ★ ★ ★ ★ ★

Die Maccaroni-and-Cheese-Nuggets waren wirklich fantastisch, aber ich war das ganze Wochenende mit der First Lady und drei von meinen Enkelkindern zusammengepfercht, und es war zu kalt zum Golfspielen. Am Sonntagmorgen mit Ivanka und Jared Nachrichten zu gucken war schrecklich. Auf einmal war es, als wäre das ganze Programm nur noch ein einziges großes Gif-Bild in Dauerschleife, Hillary und Comey, Comey und Hillary, Hillary und Comey, immer wieder, auf allen Kanälen gleichzeitig, sogar bei Fox News. Hillary sagt, Comey hätte mir zum Wahlsieg verholfen, Comey sagt, immer wenn er während der Wahl an mich gedacht hat, wäre ihm übel geworden … und dann diese Französin, Le Pen, Marine One, sie hat verloren, heftig verloren, und auch wenn die Wahl womöglich manipuliert war, sagen alle, das ist schlecht für mich. Die Franzosen haben Trump eine Absage erteilt, Putin mag sie, sie ist eine Verliererin, also ist Trump jetzt auch ein Verlierer.

Mir wurde klar, dass ich keine Wahl hatte. Comey war ein wirklich übler Feind, und ich musste ihn „töten“ – töten in Anführungsstrichen. Solche Anführungsstriche wie bei „verwanzen“, die zeigen, dass man sarkastisch ist, es aber trotzdem ernst meint. Ich habe mit meinem Spitzenteam geredet, sogar mit dem Vizepräsidenten, und sie waren alle dafür – Ivanka ist aufgefallen, dass da eine Art perfekter Querschnitt durch Amerika zusammensaß und mich in meiner Einschätzung bestätigte: Mike Pence, der Evangelikale aus dem Mittleren Westen, Don McGahn, der toughe irische Anwalt aus New Jersey, Jared, der geschmeidige jüdische Medienmann von der Elite-Uni, mein privater persönlicher Trump-Sicherheitschef Keith. Sie waren wie das A-Team, und als Rodrigo dann meinte, er wäre auch der Meinung, dass ich Comey feuern sollte – er erinnerte noch mal an das Sprichwort mit der Schlange, die es in jedem Wald gibt –, da hatte ich auch meinen Mr. T! Reince machte sich ein bisschen ins Hemd, aber als ich sagte: „Diese Woche wird endlich jemand gefeuert“ – wieder ein Beispiel für solche sarkastischen, aber ernst gemeinten Sachen, die ich manchmal sage –, war er doch mit von der Partie. (General Kelly hat mir heute gesagt, er will den Job von Reince nicht haben, aber ich werde ihn weiter bearbeiten. Grundkurs *Management*. Jeff Sessions ließ seinen sehr schlauen Vize – Rosenberg, Rothstein oder wie auch immer – die

SIE WAREN WIE DAS A-TEAM.

Pressemeldung mit der „Begründung“ aufsetzen – was mich ehrlich gesagt zum Lachen brachte, weil es nur darum ging, wie unfair Comey im Wahlkampf zu der armen, armen Hillary gewesen war. Und zack, weg war er, tschüs, Comey. Danach fühlte ich mich einen Tag lang ein bisschen besser.

KAPITEL 24 ★ ★ ★ ★ ★ ★ ★ ★ ★ ★ ★ ★ ★

DER GEKAUFTE „SONDERERMITTLER“

Wie alle anderen heutzutage bekomme auch ich viele meiner interessantesten Informationen aus dem Internet – allerdings meistens ausgedruckt –, weil so viele extrem wichtige Dinge in den Fake News gar nicht vorkommen. Nachdem ich Comey gefeuert hatte, das war am 7. Mai, fand ich über Twitter einen Online-Artikel mit dem Titel „Sieben Tage im Mai“. *Sieben Tage im Mai* ist der Film, wo Generäle einen Putsch gegen den Präsidenten planen, weil er mit Russland Frieden schließen will. Als ich noch zur Highschool ging, habe ich ihn mit meinen Eltern im Utopia-Kino in Queens gesehen, direkt nachdem Kennedy getötet wurde, und er hat großen Eindruck auf mich gemacht, aber ich erinnere mich, dass mein Vater am Schluss den Kopf schüttelte, weil er zu Burt Lancaster und den anderen Generälen gehalten hatte. Jedenfalls steht in diesem Artikel, dass dasselbe jetzt wieder passiert, mit Comey und Clapper und diesem General Hayden als Burt Lancaster und Kirk Douglas und Trump als Held. Im Internet sind viele Leute, und ich meine wirklich viele MAGA-Fans, der Meinung, dass das wahrscheinlich stimmt.

Plötzlich verspürte ich den starken Drang, die Leute davor zu warnen, was passieren könnte, dass wir einen Notfall hatten, aber ohne direkt auf *Sieben Tage im Mai* einzugehen, weil dann alle komplett durchgedreht wären. Darum habe ich während der nächsten Stunde von *Fox & Friends* gleich sechs Tweets abgefeuert – „Absprachen zwischen Russland und Trump von Demokraten als Ausrede für eigene Niederlage erfunden“, „Fake-Medien machen Überstunden“, „Zukünftige ‚Pressekonferenzen‘ vielleicht besser absagen“, „Comey kann bloß hoffen, dass es keine Aufnahmen von unseren Gesprächen gibt“, „Alle, die von der Hexenjagd wissen, sagen, es gab keine geheimen Absprachen“. Gut.

PLÖTZLICH VERSPÜRTE ICH DEN STARKEN DRANG, DIE LEUTE DAVOR ZU WARNEN, WAS PASSIEREN KÖNNTE.

★ ★ ★ ★ ★ ★ ★ ★ ★ ★ ★ ★ ★

Sessions’ Vize, der Kerl, der die Geschichte so erzählt hat, dass es aussah, als hätte ich Comey wegen seinem Umgang mit Hillary gefeuert, was mich immer noch zum Lachen bringt, entpuppte sich als ganz schön gerissen – bloß eine Woche später heuerte er einen „Sonderermittler“ an, um die Russlandsache zu untersuchen. Ich werde ihn nicht als Judas bezeichnen, weil das nicht meine Ausdrucksweise ist, aber viele sagen das. Nach dem einen Tweet darüber, dass nie ein „Sonderermittler“ ernannt wurde, um die Verbrechen der Obama-Regierung oder von Hillarys Wahlkampfteam zu untersuchen, haben mir alle meine Leute geraten, aufzuhören – außer Jared. Jared versuchte mich dazu zu bringen, dass ich auf diesen Mueller losgehe, aber ich wusste, dass das bloß einer von diesen Jared-Momenten war, wie ich sie im Weißen Haus schon so oft erlebt habe – wenn er mit Leuten wie Steve und dem Koscheren Steve und McGahn und mir zusammen ist und sich besonders tough geben will. Andererseits habe ich gehört, das FBI und der „Sonderermittler“ würden jetzt gegen Jared ermitteln – weil er eine „Person von besonderem Interesse“ ist –, also will er vielleicht nur seine eigene Haut retten, im Schützengraben gibt's keine Atheisten, Mut der Verzweiflung und so weiter.

Nicht dass dieser sogenannte „Sonderermittler“ nicht sowieso gekauft wäre – Mueller war auf derselben Privatschule wie John Kerry, und Comey ist ein alter Freund von ihm. Diese großgewachsenen, dünnen, verlogenen, spießigen Pfadfindertypen haben ihren eigenen Verein, der gegen Trump und die gewöhnlichen Amerikaner ist. Als ich ein Kind war, hat mich mein Vater immer vor genau diesem Verein gewarnt, damals hat ihn noch der New Yorker Bürgermeister John Lindsay geleitet. Als ich Lindsay Bannon gegenüber erwähnt habe, hat er recherchiert und herausgefunden, dass er tatsächlich auf der gleichen Privatschule wie Mueller und Kerry und auf der gleichen Uni wie Kerry war, und dass er eins fünfundneunzig groß war, also noch so ein großer, verlogener Spießertyp, der bloß wollte, dass die Medien und die Minderheiten ihn liebten, und dem die echten Menschen egal waren. Furchterregend ist das.

★ ★ ★ ★ ★ ★ ★ ★ ★ ★ ★ ★ ★

Als sich die Fake-Medien überschlugen und sich lauter neue Fake-Storys ausdachten, reiste ich in den Nahen Osten und nach Europa, wo sich keiner für Comey oder Russland oder die ganzen anderen Fake News interessierte, was toll war.

In Saudi-Arabien, dem islamischen Hauptquartier, lieben sie mich, was beweist, dass ich nicht das kleinste bisschen „islamophob“ bin. Der König persönlich hat mich vom Flughafen abgeholt (was er bei Obama nicht gemacht hat und bei „Präsidentin Hillary“ ganz sicher auch nicht gemacht hätte) und mir die nationale Goldmedaille verliehen, die nur die allerbesten Leute bekommen, und sie haben ein wunderschönes dreißig Meter hohes Trump-Gesicht auf das Ritz-Carlton projiziert, wie beim *Zauberer von Oz*, und dann haben sie mir eine besondere leuchtende Glaskugel gezeigt, auch wie in *Der Zauberer von Oz*.

IN SAUDI-ARABIEN, DEM ISLAMISCHEN HAUPTQUARTIER, LIEBEN SIE MICH.

Ich war allerdings sehr, sehr enttäuscht, am Memorial-Day-Wochenende die KitchenAid Senior PGA Championship in meinem Trump National Golf Club vor dem Washington Memorial zu verpassen. Dass das Turnier in Saudi-Arabien nicht übertragen wurde, war keine Überraschung, aber wieso denn nicht in Italien oder Belgien? Ich thematisierte das – zusammen mit dem schockierenden Ausschluss von Fox News aus so vielen ausländischen Fernsehsystemen – im Rahmen meiner Auseinandersetzung mit den unfairen europäischen Handelsrichtlinien auf dem G7-Gipfel.

★ ★ ★ ★ ★ ★ ★ ★ ★ ★ ★ ★ ★

Während der Reise spielte ich zehn Tage lang kein Golf. Zehn Tage, ohne in einer Trump-Anlage zu schlafen oder zu essen. Und zehn Tage, ohne der Welt einen einzigen tollen, persönlichen Trump-Tweet zu hinterlassen, in dem die Wahrheit steht, was die

Leute lieben. Ich habe also bewiesen, dass ich es kann. Es ist sehr schwer, aber es geht. Ich habe große Willenskraft, vielleicht sogar die größte. Aber als ich aus Europa und dem Nahen Osten und Israel nach Hause kam und wieder twittern und golfen konnte, so viel ich wollte, und essen, was ich wollte, wurde mir wieder mal bewusst, wieso Amerika so großartig ist.

Kriegsspiele fallen in meine Verantwortlichkeit als Oberbefehlshaber, die ich wirklich sehr, sehr ernst nehme – und laut Ivanka verfüge ich über jede Menge „visuelle Intelligenz“.

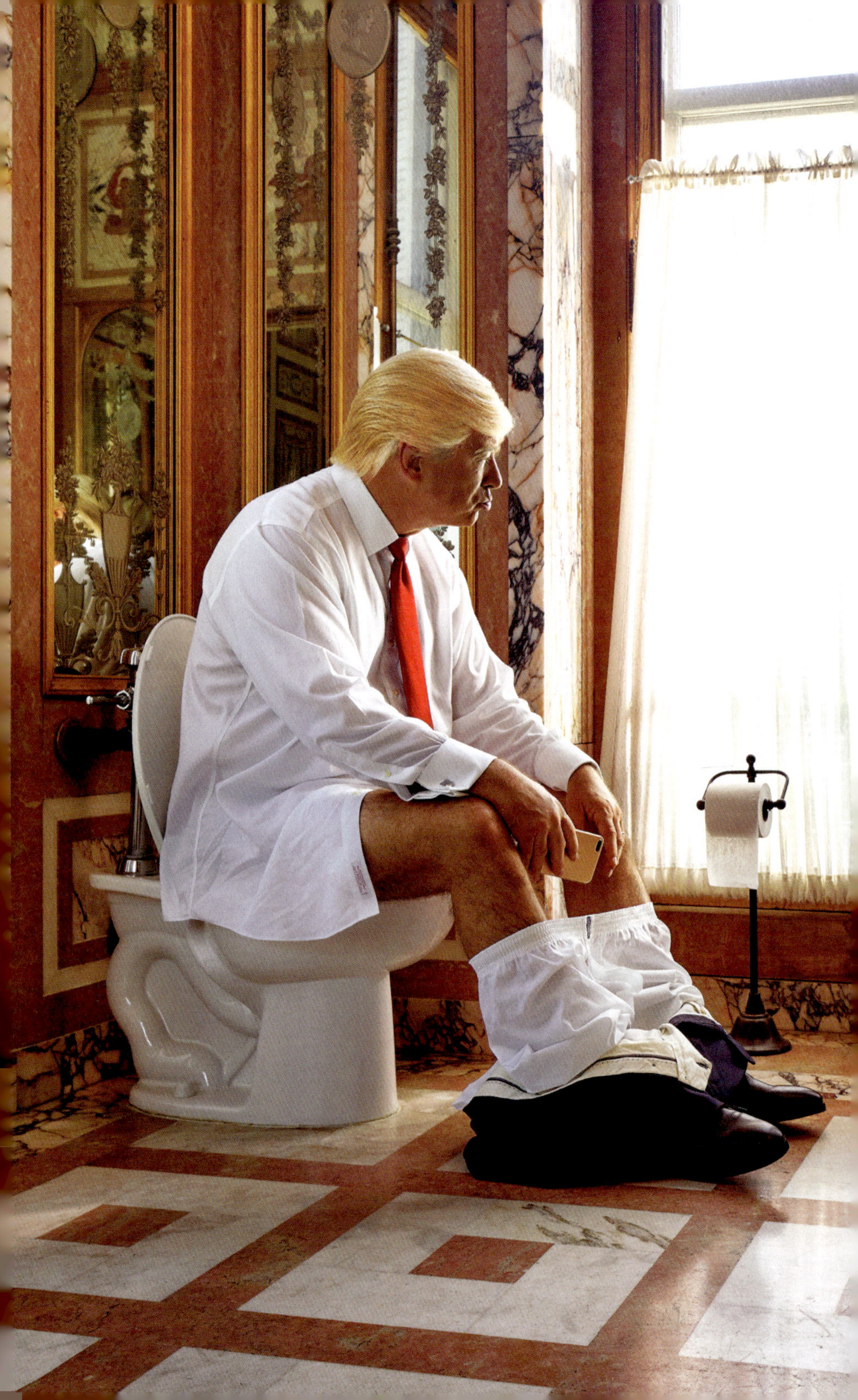

Am Trump Tower mit meinem tollen afroamerikanischen Secret-Service-Agenten Anthony (und meinem tollen afroamerikanischen Portier im Hintergrund).

In Mar-a-Lago, dem Südlichen Weißen Haus, bei der Zusammenarbeit mit meinem Chefbutler und Sonderberater für Minderheiten.

Unfassbarerweise gab es bis jetzt keine offizielle Uniform für den amerikanischen Oberbefehlshaber! Im Moment trage ich sie bloß privat – so wie hier im Südlichen Weißen Haus bei meinen „Achtsamkeitsübungen", die Ivanka mir empfohlen hat.

Nichts strahlt so sehr Fitness und Gesundheit aus wie eine tolle Bräune, ohne die die Marke Trump nicht denkbar wäre – weil mir in Washington die Zeit zum Golfen fehlt, muss sie regelmäßig aufgefrischt werden.

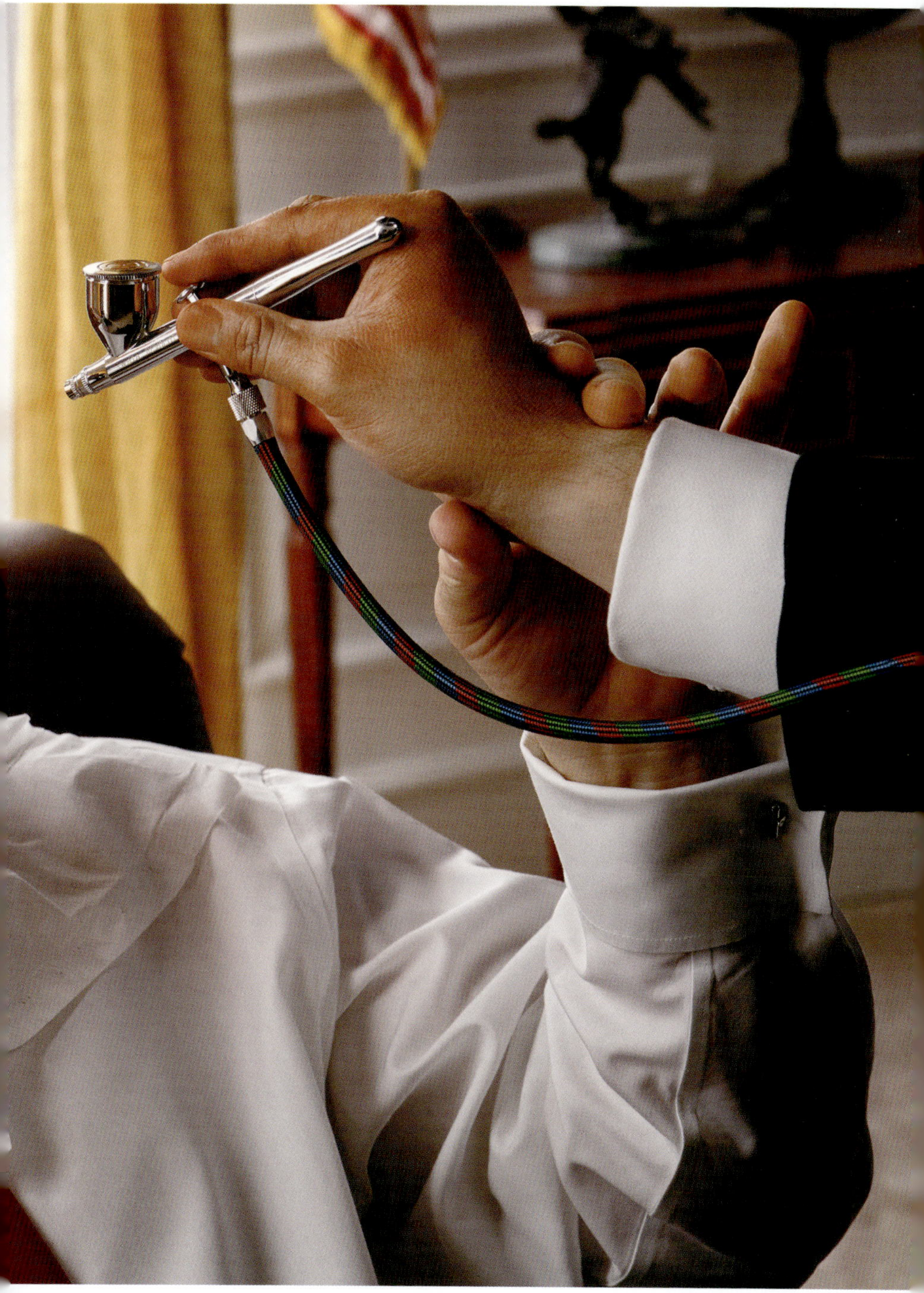

„Netflix and Chill", wie Ivanka sagt: Wenn ich bis spätnachts im Weißen Haus arbeite, mache ich kleine Pausen wie Edison und Einstein – aber im Gegensatz zu denen kurble ich meinen Energiehaushalt mit einem phänomenalen Stück Schokokuchen aus dem nahegelegenen Trump International Hotel an.

Hannity
EDITED
FAKE NEWS
FOX NEWS
HANNITY
3:17

Gegenüber vom Nördlichen Weißen Haus auf der Fifth Avenue. Ich winke Trump-Unterstützern, die mich sogar noch unterstützen würden, wenn ich einen von ihnen erschieße.

TRUMP TOWER

Ein schnelles Mittagessen im Oval, serviert von meinem philippinischen Chefbutler Rodrigo.

KAPITEL 25 ★ ★ ★ ★ ★ ★ ★ ★ ★ ★ ★ ★ ★

ALLES IST FAKE

Ist eigentlich jemandem aufgefallen, dass die islamistischen Terroristen erst dann Leute in England und im Iran umgebracht haben, *nachdem* ich Europa und den Nahen Osten verlassen hatte? Das war kein Zufall. Ich schütze meine ganze Umgebung. Noch so eine Trump-„Superkraft". Darüber haben die Fake-Medien natürlich nicht berichtet.

Und meine Tweets nach den Anschlägen in London über den schwachen islamischen Bürgermeister und meinen Moslem-Einreisestopp, die meine politisch korrekte „Rechts"-Abteilung zuerst nicht absegnen wollte – die waren so toll, so wahr und wichtig, und sie kamen so von Herzen, gehörten zu meinen besten, ohne Anwälte, ich bin keine Marionette. Alle haben es gesehen. Alle waren nervös. Bloß ich nicht! Und wegen dem islamistischen Terror, den ich immer noch so nenne – islamistischer Terror, islamistischer Terror, islamistischer Terror –, hat sich tagelang keiner für die ganzen erlogenen Russland-Storys interessiert.

Wenn man das hier in vielen Monaten oder Jahren liest, kann es gut sein, dass sich überhaupt niemand mehr an eine dieser erfundenen Russlandgeschichten erinnert. Wie Rodrigo heute Morgen zu mir gesagt hat: „*Ang kita sa bula* und so weiter", was bedeutet: „Was aus Seifenblasen kommt, wird in Seifenblasen verschwinden." Ich glaube, Rodrigo ist der weiseste Mann, den ich je kennengelernt habe.

★ ★ ★ ★ ★ ★ ★ ★ ★ ★ ★ ★ ★

Jetzt, wo ich Präsident bin, wird mir erst richtig bewusst, wie viele Fake News es tatsächlich gibt – und ich meine nicht bloß Russland und schlechte Umfragewerte. Aber diese erlogenen Geschichten über unseren fantastischen Gesundheitsplan und darüber, dass die Steuerkürzungen den Reichen mehr helfen als allen anderen – Fake News. Oder nachdem ich den NATO-Spitzenleuten in Belgien gesagt habe, dass sie aufhören sollen zu schmarotzen, haben die Fake-Medien immer nur den Ausschnitt mit dem Fototermin gezeigt, wo ich dem Oberhaupt von Montenegro angeblich unhöflich Hallo sage – Fake News. Und in Sizilien, als Anthony und der Rest von den Secret-Service-Jungs aus Sicherheitsgründen darauf bestanden haben, dass ich in einem geschützten Golfkart durch den Ort fahre, statt die achthundert Meter zusammen mit den anderen Staatsführern zu Fuß zu gehen (die niemand ernsthaft ermorden will), haben die voreingenommenen Fake-Medien das auch wieder dafür benutzt, mich schlecht aussehen zu lassen. Fake News.

ICH SCHÜTZE MEINE GANZE UMGEBUNG. NOCH SO EINE TRUMP-„SUPERKRAFT".

Übrigens war Montenegro damals noch gar kein offizielles NATO-Mitglied. Und wahrscheinlich wissen viele auch nicht, dass die Clintons Jugoslawien in vielleicht zehn verschiedene Staaten aufgespalten haben, und drei von denen sind jetzt in der NATO, was so was von unfair ist, so als würden Vermont, Massachusetts und Connecticut in die UN aufgenommen werden. Und wo wir schon bei Montenegro sind, das kann man kaum als richtiges Land bezeichnen, weniger Einwohner als North Dakota, und in den anderen, besseren ehemaligen Jugoslawiens wie zum Beispiel Slowenien gelten die Leute als arm und faul. Das schreiben die voreingenommenen amerikanischen Medien nie.

Sogar die sozialen Medien sind voreingenommen, obwohl es da gar keine „Redakteure" gibt und obwohl Trump sie überhaupt erst groß gemacht hat und sie mir eigentlich Tantiemen zahlen müssten. Es überrascht einen nicht, dass Twitter seine Zentrale in San Francisco hat, wo 91 Prozent für Hillary gestimmt haben, deshalb wollen sie nicht zugeben, dass Trump eigentlich 135 Millionen Follower hat und nicht 35 Millionen, mehr als Katy Perry oder Barack Obama oder sonst wer. Und wieso haben übrigens Khloé und Kourtney Kardashian und Kendall und Kylie Jenner alle fast genau gleich viele Follower? Da ist was im Busch, und wir werden einen Sonderausschuss Soziale Medien bilden, den ersten, den es je gegeben hat, um der Sache auf den Grund zu gehen.

SOGAR DIE SOZIALEN MEDIEN SIND VOREINGENOMMEN, OBWOHL ES DA GAR KEINE „REDAKTEURE" GIBT.

Und wo wir schon von Fake-Medien reden, die es auf Trump abgesehen haben: Gerade habe ich herausgefunden, dass sie verhindern wollen, dass ich im nächsten Frühjahr den Pulitzer-Preis kriege. Mein Buch sollte als erste Autobiografie den Pulitzer gewinnen, seit sie ihn vor zwanzig Jahren Katharine Graham von der *Washington Post* gegeben haben, und es sollte als erstes Buch von einem Präsidenten seit sechzig Jahren gewinnen, seit John F. Kennedys Buch, das in Wirklichkeit von einem Ghostwriter geschrieben wurde, im Gegensatz zu diesem hier. Aber wie sich zeigt, ist der Pulitzer-Preis auch ein abgekartetes Spiel und wird von den verlogenen Medien an die verlogenen Medien vergeben und gar nicht von der richtigen Familie Pulitzer, die ich in Palm Beach mal kennengelernt habe und die diese hübschen Florida-Kleider macht. Alles Lügen. Alles ist fake.

UND WIESO HABEN ÜBRIGENS KHLOÉ UND KOURTNEY KARDASHIAN UND KENDALL UND KYLIE JENNER ALLE FAST GENAU GLEICH VIELE FOLLOWER?

KAPITEL 26 ★ ★ ★ ★ ★ ★ ★ ★ ★ ★ ★ ★ ★

STARKER, KLEINER RUSSISCHER FREUND

Nachdem alle außer den Fake-Medien, den Demokraten, den bezahlten Demonstranten und Hillary endlich kapiert haben, dass die Geschichten über Russland eine totale Lüge waren – eine Lüge, mit der, wie ich neulich gehört habe, vor ungefähr dreihundert Jahren die sogenannten Illuminaten angefangen haben –, „durfte" ich mich endlich mit Putin treffen, bei dem großen europäischen Gipfel in Deutschland. Durch meine spezielle NSC-Broschüre weiß ich, dass Putin kein großer Kerl ist, aber für so einen starken Führer ist er wirklich unfassbar klein, viel kleiner als Barron, der immerhin Junior-Assistent des Präsidenten ist, kein Witz. Bei einem von den Fototerminen habe ich versucht, Merkel und Putin dazu zu kriegen, dass sie sich mit dem Rücken aneinanderstellen, um zu beweisen, dass sie die Größere ist.

Ich wollte nicht, dass mein Nationaler Sicherheitsberater General McMaster bei meinem offiziellen Treffen mit Putin dabei ist, weil die ganze Militärgeschichte so schroff gewirkt hätte. „Also,

Wladimir, damit wir das gleich vom Tisch haben", sagte ich. „Haben Sie es getan – sich in unsere Wahl ‚eingemischt'?" Er antwortete sehr ernst: "Nein, habe ich nicht, ganz und gar nicht." Dann fragte ich ihn ein zweites Mal, aber auf eine ganz andere Art – ich starrte ihm tief in die Augen, wie ich es von meiner Mutter gelernt habe. Sie sagte immer: „Wenn du jemandem in die Augen starrst, ohne zu blinzeln oder wegzuschauen, dann wird er dir die Wahrheit sagen." Wenn sie mich fragte: „Don, hast du die zehn Dollar aus meiner Handtasche genommen?", und mich dabei anstarrte, war ich geliefert. Meistens. In Hamburg starrte ich darum Putin an, als ich ihn zum zweiten Mal fragte: „Sie hatten wirklich überhaupt nichts mit der Wahl zu schaffen?" Und er sagte wieder: „Ganz und gar nicht." Und ich sagte: „Okay, gut, aber wissen Sie, es darf da wirklich keinen Zweifel geben, vor allem weil die Fake-Medien in Amerika die Sache immer noch aufbauschen und ich wahrscheinlich irgendwelche Sanktionen verhängen muss, aber gut, wie dem auch sei, vergessen wir die Sache und schauen nach vorn. Eigentlich sollten wir sogar überlegen, wie wir uns gemeinsam vor Cyberangriffen schützen. Und ISIS zerstören und das Syrien-Problem lösen. Okay?"

ICH STARRTE IHM TIEF IN DIE AUGEN, WIE ICH ES VON MEINER MUTTER GELERNT HABE.

Wir sprachen auch über Historisches – wie Deutschland damals versucht hat, Amerika und die Freiheit zu zerstören, und er redete darüber, wie Russland und Amerika gemeinsam den Zweiten Weltkrieg gegen die Deutschen gewonnen haben, was vielen gar nicht so richtig klar ist, und er fragte sich, was die Amerikaner sagen würden, wenn sich die Mexikaner Texas und Kalifornien zurückholen würden, weil diese ganzen Mini-„NATO"-Länder oben im Norden früher alle mal zu Russland gehört haben. Wir kamen auch darauf, wieso zwischen uns beiden so eine starke natürliche Verbindung besteht, beinahe als wären wir Brüder, abgesehen davon, dass wir beide sehr stark sind und wissen, wo's langgeht: Die schwersten Augenblicke in unserem Leben, die Dinge, die uns nicht umgebracht, sondern stärker gemacht haben, sind zur selben Zeit passiert – die Sowjetunion ist genau in dem Moment zusammengebrochen, als mehrere von meinen Firmen Konkurs anmelden mussten, und alle dachten, Putin und Trump wären am Ende. Damals haben die New Yorker Banken Russland genauso zugesetzt wie mir, aber wir kamen beide wieder auf die Beine, stärker und besser und reicher als je zuvor.

ALLE DACHTEN, PUTIN UND TRUMP WÄREN AM ENDE.

Beim Abendessen plauderten wir noch ein paar Minuten oder vielleicht auch eine Stunde weiter, was die kranken Fake-Medien auch wieder schlimm fanden. Aber jetzt kann ich ja sagen, wieso ich zu ihm gegangen bin und mit ihm geredet habe. Putin saß neben der First Lady, meiner First Lady, die zu kommunistischen Zeiten tatsächlich mal eine Bürgerin von seinem Land war, wahrscheinlich spricht er sogar Slowenisch, und als ich rüberguckte und sah, wie sie so vertraut miteinander redeten und die First Lady Spaß hatte und lachte, wie sie es fast nie tut, wurde mir klar, dass ich rübergehen und dafür sorgen musste, dass nichts passiert. Das wäre nämlich wirklich schlecht für Amerika gewesen. Aber später, und das war bis heute ein Geheimnis, waren Putin und ich in Hamburg noch ein letztes Mal unter uns, als wir nachts an dem kleinen Fluss entlang durch den Nebel gingen. Ich sagte: „Wladimir, ich glaube, dies ist der Beginn einer wunderbaren Freund-

„WLADIMIR, ICH GLAUBE, DIES IST DER BEGINN EINER WUNDERBAREN FREUNDSCHAFT."

schaft“, aber meine Bogart-Imitation war nicht perfekt, also hat er es vielleicht nicht ganz verstanden.

★ ★ ★ ★ ★ ★ ★ ★ ★ ★ ★ ★ ★

Ich wusste immer, dass das mit Reince nicht für die Ewigkeit sein würde. Endgültig vorbei war die Sache dann, als die Fake-Medien einen Monat vor meinem phänomenalen Sieg dieses *Grab-them-by-the-pussy*-Tape ohne meine Zustimmung veröffentlichten und Reince sagte, ich sollte das Handtuch werfen. Schwach. Bei unserem ersten offiziellen Kabinettstreffen im Juni, wo alle am Tisch reihum erklärten, wie sehr ich ihnen dabei half, Amerika wieder groß zu machen, und Reincey sagte: „Wir danken Ihnen für die Gelegenheit und die Gnade, Ihrer Sache dienen zu dürfen“, hatte ich fast Mitleid mit ihm, weil er so verzweifelt um seinen Job kämpfte. Gleich nachdem die Sitzung vorbei war, fragte ich Kelly noch mal, ob er das Ruder übernommen hätte. Wobei man fairerweise sagen muss, dass Reince schon nützlich war, weil ich an seinen Reaktionen immer ablesen konnte, wie die Heuchler und Schwächlinge in Washington auf Trumps Pläne reagieren würden.

Ich muss zugeben, es hat Spaß gemacht, Jared zu sagen, dass er ab jetzt an General Kelly berichtet. Es hat mir nicht mal was ausgemacht, dass Kelly an seinem ersten Tag als Stabschef erklärt hat, der Präsident würde Jeff Sessions und General McMaster hundertprozentig vertrauen, denn was heißt das schon? Ich kann sie beide auf der Stelle entlassen, wenn diese hundert Prozent plötzlich auf null Prozent fallen.

Aber ich habe es tatsächlich satt, dass ausgerechnet meine Generäle versuchen, mich schwach aussehen zu lassen, Mattis und

Ein früherer Bestseller über meine außenpolitischen Verhandlungsfähigkeiten.

McMaster, jetzt Kelly und sogar Tillerson, der so eine Art Fünf-Sterne-Business-General war. Sie sagen, ich könnte dieses wirklich schlechte Atomabkommen mit dem Iran nicht platzen lassen; ich müsste diese furchtbaren Sanktionsmaßnahmen gegen Russland verabschieden, was mir die Chance auf tolle Geschäfte versaut; ich dürfte die Transvestiten erst nach und nach aus der Armee schmeißen – sie tun, als müsste ich sie bei allem um Erlaubnis fragen. Sogar bei meinen Tweets! Trump fragt niemanden um Erlaubnis, und Präsident Trump sagt schon gar nicht: Ach bitte, bitte, darf ich?

WENN MIR ETWAS ZUSTOSSEN SOLLTE, STEHT HIER DIE WAHRHEIT, SCHWARZ AUF WEISS.

Inzwischen ist zwar ein bisschen Zeit vergangen, aber jemand, dem ich vertraue, hat mir gesagt, dass an dieser *Sieben Tage im Mai*-Geschichte trotzdem was dran ist. Vielleicht planen sie es für nächsten Mai? Vielleicht soll ich darum mehr Soldaten nach Afghanistan schicken?

Wenn mir etwas zustoßen sollte, steht hier die Wahrheit, schwarz auf weiß, als Beweis für die Historiker.

KAPITEL 27 ★ ★ ★ ★ ★ ★ ★ ★ ★ ★ ★ ★ ★

VERRÜCKTE WELT

Die Fake-Medien regen sich so darüber auf, was ich in Venezuela über mögliche Militäroperationen gesagt habe – aber was sie nicht wissen, ist, dass ich mich da unten eigentlich schon mit Nick Maduro über einige Handelsfragen und zukünftige Hotelprojekte geeinigt hatte, und als er sich gedrückt hat, blieb mir eben nichts anderes übrig, als mich zu rächen. Und über meine letzten Tweets zu Nordkorea regen sich die Fake-Medien noch mehr auf. Glaubt mir, die Nordkoreageschichte wird gut ausgehen, sehr gut, okay, kein Grund zur Sorge, es ist alles unter Kontrolle, ich darf zwar nicht sagen, was für eine großartige, superstrenggeheime Lösung wir für Nordkorea gefunden haben, aber wir haben eine. Wenn wir dort gesiegt haben und alle endlich wissen, dass wir gesiegt haben – das nennt man wohl eine „überraschende Wendung" –, wird jeder zurückschauen und darüber lachen. Ich kann's gar nicht erwarten.

Übrigens habe ich Bannon nicht wegen dem, was er über Nordkorea gesagt hat, von General Kelly rausschmeißen lassen und auch nicht, weil Jared Angst vor ihm hat. Ich glaube immer noch, dass Steve mein Tom Hagen ist, und *Der Pate III* sollte ursprünglich davon handeln, dass Michael Corleone und Tom Feinde werden – seltsam, oder? Apropos seltsam: Ich habe ständig Hunger und muss andauernd pinkeln, was bedeutet, dass ich Diabetes haben könnte – noch eine Gemeinsamkeit mit Michael!

★ ★ ★ ★ ★ ★ ★ ★ ★ ★ ★ ★ ★

ICH HABE STÄNDIG HUNGER UND MUSS ANDAUERND PINKELN, WAS BEDEUTET, DASS ICH DIABETES HABEN KÖNNTE.

Diese Woche hat Ivanka geweint und gesagt, ich dürfte auf der großen Afroamerikanischen Tagung, die im Sommer in Baltimore stattfindet – das habe ich mir gemerkt, weil die Schwarzen den Sommer lieben –, nicht sagen, was ich sagen wollte. Meine Rede sollte von den ganzen Arbeitsplätzen handeln, die ich schaffen werde, so viele fantastische Arbeitsplätze, die Arbeitslosenquote wird so niedrig sein, dass sogar Kinder und Senioren arbeiten müssen, eine Arbeitslosenquote von null, ich wollte zu den Schwarzen sagen: „Arbeit macht frei! Arbeit macht frei!“, ein neuer Trump-Schlachtruf, so wie „Sperrt sie ein! Sperrt sie ein!“, aber positiv, so wie „America First“. Als sich mein Team darüber aufgeregt hat, habe ich zu ihnen gesagt: „Hey, ich glaube fest an harte Arbeit, aber ich kann kein Deutsch, habe ich nie gelernt, ich kenne nur das ‚*Der Sieg ist mein!*‘ von meinem Vater und noch ein paar einzelne Brocken, aber ich bin sicher, dass sehr, sehr wenige von den Afroamerikanern dieses KZ-Motto kennen, weil ich es ja auch nicht gekannt habe.“

Wenn Ivanka mich nicht daran gehindert hätte, diese Rede zu halten, dann hätten das die Fake-Medien hinterher bei den Auseinandersetzungen zwischen den Demonstranten in Charlottesville – an denen beide Seiten beteiligt waren, eindeutig beide Seiten – aufgegriffen und behauptet, Trump wäre ein „Nazi". Ivanka hat also die Trump-Superkraft, in die Zukunft sehen zu können. Sie hat wirklich fantastische Gene.

IVANKA HAT ALSO DIE TRUMP-SUPERKRAFT, IN DIE ZUKUNFT SEHEN ZU KÖNNEN. SIE HAT WIRKLICH FANTASTISCHE GENE.

Die gesamten Medien, die Unterhaltungsbranche, die Filme, sogar ein paar von den Telefonanbietern, die Nachrichten, alle schlagen immer so einen fürchterlichen Ton an, wenn es um mich geht, so als wären sie mein Vater – fast alle sagen sie, ich würde nichts taugen, obwohl ich in Wirklichkeit kein schlechter Mensch bin, und der Hass, dieser ganze Hass, ich hasse den Hass, die ständigen Angriffe, die Anti-Trump-Propaganda, die Bösartigkeit und die ganzen Lügen sind wie eine afrikanische Epidemie. Und der Verrat. Wie die Philippinos auf Tagelang sagen: *Mahirap mamatay ang masamang damo*, was bedeutet: „Das Unkraut ist schwer zu beseitigen". Aber irgendwann ist es beseitigt, und dann ist alles schön und perfekt, so wie meine Golfplätze, nicht das kleinste bisschen Unkraut auf dem Grün und nicht mal auf den Fairways.

Wieso heißt es nie: „Wow, er ist seit einem Jahr Präsident und kein einziger Atomschlag!" Ich winke mit der Atomkarte, vielleicht hat uns das den Sieg eingebracht, man muss sich alle Optionen offenhalten, aber bis jetzt habe ich keinen Gebrauch davon gemacht, habe ich die Karte nicht gespielt. Werde ich jemals Krieg führen? Ich hoffe es nicht, vielleicht nicht, ich glaube es nicht, wahrscheinlich nicht, könnte passieren, nicht in nächster Zeit, eigentlich will ich das gar nicht beantworten, ich kann es nicht beantworten, wegen der nationalen Sicherheit, aber auch, weil sie es nicht wissen sollen, die Kriegsgegner, ISIS, Venezuela, Korea, Hawaii, also sage ich weder Ja noch Nein – ich will nicht, dass irgendwer weiß, was ich denke, aber sie kriegen es immer wieder raus, ziemlich unheimlich, jedenfalls glauben sie, sie kriegen es raus, aber wir haben jetzt im ganzen Weißen Haus großartige wissenschaftliche Mittel, um das zu verhindern, so viel kann ich verraten.

ES IST EINE VERRÜCKTE WELT DA DRAUSSEN, UND SIE WIRD IMMER VERRÜCKTER.

Es ist eine verrückte Welt da draußen, und sie wird immer verrückter, ich habe so was noch nie gesehen, ich tauche so viel in der Presse auf, es ist wirklich völlig verrückt, denn ich kenne mich mit meinem Thema aus, ich bin für jede Prüfung bereit, ich kann jederzeit einen unangekündigten Test schreiben, von mir aus sogar eine Abschlussarbeit, und ich weiß, unser Land hätte nicht weitermachen können wie bisher. Sie hatten keinen Respekt vor uns, gelacht haben sie über uns, gelacht und gelacht, so viel ist sicher.

KAPITEL 28 ★ ★ ★ ★ ★ ★ ★ ★ ★ ★ ★ ★ ★

MEINE GEHEIMNISSE

Dr. Müller und ich hatten ein gutes Gespräch. Sie hat mir ein paar neue Ergänzungsmittel mitgebracht. Sie meinte, die würden eine Weile reichen. Sie sind sehr gut. Ich bin sehr gut und sehr entspannt.

Ich bin auch fast fertig. Mit dem Buch, nicht mit der Präsidentschaft, haha, noch lange nicht. Das Amt des Präsidenten ist eine fordernde Aufgabe. Dr. Müller und Ivanka sagen, wegen Twitter und dem Buch komme ich zu selten dazu, „Präsident zu sein". Vielleicht haben sie recht.

Ich habe das Pentagon gebeten, eine App zu entwickeln, wo ich nur einen Satz sagen muss, und dann nimmt die App meine Gedanken aus diesem einen Satz und macht ein paar Seiten Text daraus. Sie sagen, das könnte ein bisschen dauern. Ich fasse mich jetzt also kürzer, aber sobald die App herauskommt, kann man diese kürzeren Abschnitte verlängern, wenn man will.

Der andere Grund, warum ich mich so kurzfasse, ist die nationale Sicherheit. Sie ist wichtiger geworden, ziemlich wichtig sogar, so viele, viele Geheimnisse.

Zum Beispiel das große Nordkoreageheimnis. Ich werde es

nicht verraten. Aber so viel kann ich sagen: Paul McCartney ist ein Double. Der echte Paul ist gestorben. Die Beatles haben der englischen Wirtschaft nämlich um die 100 Milliarden Dollar im Jahr eingebracht, also hat der britische Geheimdienst, der mich auch im Auftrag von Obama abgehört hat, irgendeinen Kfz-Mechaniker umoperieren lassen und zu „Sir Paul" gemacht.

Viele von meinen MAGA-Fans im Internet meinen, Außerirdische hätten die Regierung unterwandert, vor allem die Geheimdienste. In meinen Augen spricht einiges dafür, dass das stimmt.

PAUL MCCARTNEY IST EIN DOUBLE. DER ECHTE PAUL IST GESTORBEN.

Ich werde diesmal nicht den gleichen Fehler machen wie bei der „Abhöraktion" im Trump Tower, als ich „mich von meiner Wut habe mitreißen lassen", wie Ivanka sagt, und nicht die richtigen Ergänzungsmittel genommen habe, also werde ich meine Leute diesmal zuerst die Beweise zusammentragen lassen, bevor ich darüber twittere. Genaueres kann ich noch nicht verraten, aber ich habe ja schon erwähnt, dass Obama nicht „wirklich" in Amerika geboren wurde, oder? Vielleicht wurde er ja eine Milliarde Kilometer von hier geboren.

★ ★ ★ ★ ★ ★ ★ ★ ★ ★ ★ ★ ★

Ich habe in letzter Zeit mehrmals gehört, wie im Weißen Haus über den „Fünfundzwanzigsten" und die „Pläne für den Fünfundzwanzigsten" getuschelt wurde, „Ist Pence bereit für den Fünfundzwanzigsten?" und so weiter. Wie sich herausgestellt hat, geht es um eine Überraschungsparty zum fünfundzwanzigsten Geburtstag von meiner Tochter Tiffany, die scheinbar hier in Washington an der Georgetown Law School studiert. Wie schön für sie.

★ ★ ★ ★ ★ ★ ★ ★ ★ ★ ★ ★ ★

Nach dem Abendessen mit Ivanka und Jared am Samstagabend zum Abschluss von ihrem speziellen Sapperlot-Tag schlug ich vor, mit ihnen und den Kindern am Rock-Creek-Park entlang zu spazieren, um die Halloween-Dekorationen anzuschauen.

„Oh, guckt mal", sagte ich nach zwei Häuserblöcken, „das ist das Haus von den Obamas! Kommt, wir klopfen mal und sagen Hallo!" Aber Ivanka ist ein kluges Mädchen. Sie wusste, ich wollte ihn bloß dazu bringen, das mit der Abhöraktion und alles andere zuzugeben, und Jared und sie hielten mich zurück. „Wir wollen nicht noch mal so was wie letzten Dienstag erleben, Dad."

Sie redete davon, dass ich eines Morgens im Schlafanzug in den öffentlichen Bereich des Weißen Hauses runtergekommen war und handsignierte Schaubilder mit den Wahlergebnissen in den einzelnen Bundesstaaten an ein paar von den Teilnehmern der Besichtigungstour verteilt hatte, die meinen unfassbaren Sieg in den Wahlmännergremien zeigten, was die Touristen übrigens liebten; danach mussten sie allerdings versprechen, mit niemandem darüber zu reden, und sie haben alle noch ein paar besondere Geldgeschenke bekommen.

★ ★ ★ ★ ★ ★ ★ ★ ★ ★ ★ ★ ★

„Anthony", fragte ich, „sind eure Secret-Service-Lügendetektoren wirklich das Nonplusultra, die besten, die's gibt?"

„Ja, ich glaube, so ist es, Mr. President."

„Okay, klasse. Am Wochenende will ich mit der First Lady ‚Wahrheit oder Pflicht' spielen, und damit es ein bisschen aufregender und präsidentieller wird, will ich sie an einen von euren

Lügendetektoren anschließen, und einer von euren Experten soll ihn bedienen. Okay?"

„Das wäre ein klarer Verstoß gegen die Vorschriften, Mr. President."

AM WOCHENENDE WILL ICH MIT DER FIRST LADY ‚WAHRHEIT ODER PFLICHT' SPIELEN.

Rodrigo warf die Möglichkeit in den Raum, dass meine erste und meine dritte Frau beide russische Agentinnen sein könnten, die für Putin arbeiteten, weil sie beide damals in kommunistischen Ländern aufgewachsen sind und Viktor, der Vater von der First Lady, ein richtiger kommunistischer Funktionär war. Ich hoffe wirklich sehr, dass das nicht stimmt. Aber es könnte stimmen. Keith, mein Sicherheitsmann, mein Sicherheitsmann in allen Weißen Häusern, arbeitet seit zwanzig Jahren für mich, er wird das überprüfen.

KAPITEL 29

ZUKUNFTSPLÄNE

Es war alles gelogen, wie ich gerade herausgefunden habe. Ich habe die Wahrheit erfahren. Es war alles ein einziger Fake.

Mad Dog oder Mad Dogs Nachfolger oder irgendeiner von denen hat mir erzählt, dass ich Nordkorea besser niemals den Krieg erklären sollte, würde nicht daran liegen, dass die CIA Kim Jong-un durch ein Double ersetzt hat, das heimlich für uns arbeitet. Es ist immer noch der echte.

Rodrigo hat erzählt, dass Dr. Müller gar keine Führungsberaterin und Historikerin ist – sie ist Psychiaterin. Diese Fragebögen, die ich für sie ausfüllen musste, waren irgendwelche Psycho-Tests.

Tiffany ist im Oktober vierundzwanzig geworden, nicht fünfundzwanzig. Das Gerede im Weißen Haus hat sich um den fünfundzwanzigsten Verfassungszusatz gedreht, wo alles genauso kommt wie bei *Sieben Tage im Mai* und Mike Pence Präsident wird.

Jetzt bin ich endlich im Trump Tower, in meiner eigenen Festung, die ich mir gerade selbst gebaut habe, so wie früher in meinem Kinderzimmer im Midland Parkway, nur für mich allein, aber besser als früher, mit präsidentiellen roten Decken über goldenen Stühlen und einem Wochenvorrat Lays und Coke und meinen ganzen speziellen Ergänzungsmitteln und Vitaminen hier bei mir in der Festung, und mein Vater kann nicht alles wieder einreißen, wenn er nach Hause kommt. Und mein Superagent Anthony, der direkt davor steht, ist jetzt nicht mehr bloß ein ausgedachter Flaschengeist, sondern ein richtig echter Agent mit richtigen Pistolen, der gerade seine Schicht angetreten hat und notfalls für mich sterben muss, was wirklich fantastisch ist. Eine Wand von meiner Festung ist aus Glas, Trump-Tower-Glas, getönt, damit niemand reingucken kann, Panzerglas, mein Fenster zur Fifth Avenue – so kann ich auf die ganzen schönen Lichter runtergucken, jetzt wo es dunkel ist.

ER IST EIN RICHTIG ECHTER AGENT MIT RICHTIGEN PISTOLEN, DER GERADE SEINE SCHICHT ANGETRETEN HAT UND NOTFALLS FÜR MICH STERBEN MUSS, WAS WIRKLICH FANTASTISCH IST.

Ich muss Pläne für die Zukunft machen. Denn wie ich immer sage: „Wenn es richtig gemacht werden soll, musst du es selber machen." Was ich heutzutage überall höre, aber eigentlich war ich der Erste, der es gesagt hat, so wie: „Wir müssen die Wirtschaft ankurbeln", was ich übrigens besser geschafft habe als irgendein anderer Präsident.

MITZI: *Präsidentielle Pläne für die Zukunft*

NUMMER EINS: Wenn ich Mueller nicht schon beseitigt habe, könnte er bei einem Unfall ums Leben kommen oder wenigstens schwerkrank werden; er ist älter als ich, und so viele Trump-Unterstützer beten ganz eifrig gegen ihn.

NUMMER ZWEI: Comey geht wegen Meineid und Geheimnisverrat – Sperrt ihn ein! Sperrt ihn ein! – mit Hillary ins Gefängnis. Ich könnte die beiden begnadigen, ich werde die Möglichkeit in ein paar Tweets andeuten, aber ich tue es nicht, und es kann sein, dass Hillary im Gefängnis stirbt.

NUMMER DREI: Ich begnadige Mike Flynn und Mike Pence, alle Mikes und alle Steves, alle im Weißen Haus, alle, die loyal sind, weil der Präsident uneingeschränkte präsidentielle Begnadigungsmacht hat. Und heißt das nicht auch, dass der Präsident sogar den Präsidenten begnadigen könnte? Wahrscheinlich hat's das noch nie gegeben, aber genau das macht Trump – das, was es noch nie gegeben hat!

ICH BEGNADIGE MIKE FLYNN UND MIKE PENCE, ALLE MIKES UND ALLE STEVES, ALLE IM WEISSEN HAUS.

NUMMER VIER: Die Einwanderungsprofis werden Melania leider ausweisen müssen. Das ist echt tragisch. Aber ich kann keine Ausnahmen machen! Sie ist illegal hier! Das war mir damals nicht klar! Das wird traurig, wenn sie nach Jugoslawien zurückgeht: Die Aeroflot-747 startet vom Stützpunkt Andrews, man sieht es auf allen Fernsehkanälen, Barron und ich winken zum Abschied, vielleicht weine ich, eine Träne, Nahaufnahme, tschüs. Und meine Umfragewerte gehen durch die Decke.

NUMMER FÜNF: Apropos traurig: Jared werde ich nicht begnadigen können, weil er ein Verwandter ist, und das wäre komplett illegal. Aber wenn sich Ivanka von ihm scheiden lassen würde, könnte ich ihn begnadigen. Und dann wären wir beide geschieden, sie und ich, das wäre wieder eine Gemeinsamkeit – die beiden klügsten, blondesten, großartigsten Menschen in Amerika, vielleicht auf der ganzen Welt, beide Trumps, beide plötzlich Single. So eine ergreifende Vorstellung. Ich kriege Gänsehaut, wenn ich bloß dran denke.

NUMMER FÜNF: Rodrigo wird auf jeden Fall Innenminister, der erste irgendwie ausländische Innenminister, außerdem gehört er einer Minderheit an, also werden die Leute ihn lieben und mich auch: Hurra, Präsident Trump, Hurra, Presidente Trump, Hurra, Präsident Trump auf Russisch mit dieser abgefahrenen umgekehrten 3, Hurra!

NUMMER FÜNF: In meiner zweiten Amtszeit, wenn ich endlich machen kann, was ich will, und mein Sohn alt genug ist, um Stabschef im Weißen Haus zu werden, bauen wir die Brücke, die er für mich entworfen hat, die längste auf der Welt, zwischen Alaska und Russland, 88 Kilometer, sagt Barron, so viel besser als NAFTA und so viel stabiler als die EU. Wir werden wieder Verbündete, diesmal im Krieg gegen den Terror, alle unsere Atomwaffen vereint, die erste Doppelsupermacht. Wenn man die einzelnen Buchstaben von „USA, Sir!" durcheinanderwirft, kommt „Russia!" raus, ist das eigentlich schon mal jemandem aufgefallen?

★ ★ ★ ★ ★ ★ ★ ★ ★ ★ ★ ★ ★

Ich weiß, dass der Kongress und das Pentagon und die Geheimdienste und die betrügerische Hillary und der kranke Obama gegen die Brücke und alles andere vorgehen werden, so wie sie in *Sieben Tage im Mai* Fredric March angegriffen haben, so wie sie Kennedy umgebracht haben. Kann sogar sein, dass sie schon ein geheimes Einsatzkommando losgeschickt haben, um mich auszulöschen.

„Anthony?"

Anthony antwortete nicht. Ich bräuchte wirklich eine eigene Pistole. Ich öffnete eine von den Deckentüren der Festung. Die unterdrücken alle Geräusche.

„Anthony?"

„Alles in Ordnung da drin, Mr. President? Wollen wir zum Essen runtergehen?"

„Alles top, Anthony, Mogul geht's hervorragend, besser als je zuvor, Abendessen lasse ich heute aus, muss ein bisschen auf meine Linie achten, arbeite am Buch und so weiter, wollte nur sichergehen, dass du da draußen bist, wegen Feinden und so. Danke."

MOGUL GEHT'S HERVORRAGEND, BESSER ALS JE ZUVOR!

Bei welcher Nummer war ich gerade? Ach, egal.

KAPITEL 30 ★ ★ ★ ★ ★ ★ ★ ★ ★ ★ ★ ★ ★

SHOWTIME

Die ganze Coke light, die ganzen Vitamine und Ergänzungsmittel, kein Schlaf seit einer Woche, kein Schaf ohne einen Knochen, keine Schäfchen gequält seit Donnerstag, Leute sterben im Schlaf, wenn ich schlafe, kriegen sie mich, der Widerstand, die Terroristen, ISIS, Obama und Hillary haben ISIS erschaffen, das ist wahr und so was von böse.

JETZT WEISS ICH, WER ANTHONY IST – DER BERÜHMTE SCHWARZE SOHN VON BILL CLINTON AUS DEM INTERNET.

Anthony hat mich ganz schön getäuscht, aber jetzt weiß ich, wer Anthony ist – der berühmte schwarze Sohn von Bill Clinton aus dem Internet, Hillary und Obama haben ihn beim Secret Service eingeschleust, beim Secret Service, das ist ein abgekartetes Spiel, er ist der Wanzenmann, er und sein Freund Robert Pattinson, ich weiß Bescheid, total illegal und auch wirklich böse.

Ich könnte da rausgehen, und ich könnte sagen: Hey, Anthony, ein schönes neues MP-5 haben wir dir da besorgt, fünfzehn Schuss pro Sekunde, vollautomatisch, cool, kann ich mal halten, nur ein Foto, Fifth Avenue im Hintergrund, redest du mit mir, redest du mit mir, hast du ein Problem, ra-ta-ta-ta-ta, ihr seid nicht der Widerstand, ich bin der Widerstand, ra-ta-ta-ta-ta, ich habe das Oberkommando, ich bin das Oberkommando!

O mein Gott! Unglaublich! Großartig! So viele Berichte, mehr als über irgendwas sonst in der Geschichte! Und den Präsidenten trifft keine Schuld! Dieser tote schwarze Agent, der Obama so ähnlich sah, Clintons Sohn, das sagen alle, wieso hat er dem Präsidenten seine Waffe gegeben, vielleicht wollte er ihm was anhängen, so tragisch, wie schrecklich für den Präsidenten, wir glauben immer noch an ihn, wir vertrauen ihm immer noch, wir lieben Trump so sehr.

Meine Mutter hat das alles vorausgesagt. „Ein Farbiger mit einer Pistole", hat sie sehr, sehr oft gesagt.

Sie würden im Senat zwanzig Republikaner brauchen, um mich wegen irgendwas zu verurteilen, das schaffen die nie, zehn vielleicht, allerhöchstens zwölf, aber auch wenn sie mich vor ein echtes Gericht stellen, komme ich trotzdem davon, so wie Cosby und OJ und Baretta und alle anderen Prominenten, unbezwingbar, komplett unbezwingbar, nicht schuldig, beste Reality-Show aller Zeiten, unfassbare Einschaltquoten, rehabilitiert, Sieg-Sieg-Sieg, Ende.

ABER AUCH WENN SIE MICH VOR EIN ECHTES GERICHT STELLEN, KOMME ICH TROTZDEM DAVON, SO WIE COSBY UND OJ.

Sonnenaufgang! Fühle mich fantastisch! Wahnsinns-Energie! Endlich Freitag!

5-4-3-2-1. 5-4-3-2-1. Immer das gleiche.

So geht's jetzt weiter. Auf mein Kommando wird New York evakuiert. Weil keiner genau weiß, was jetzt passiert.

Die Hunde müssen alle eingefangen und rasiert werden, damit man sie alle zweifelsfrei identifizieren und zurückschicken kann. Und alle Frauen müssen runter auf den Boden, hinlegen, bereitmachen. Sicherheitsvorkehrung. Barron muss aus dem Land geschafft werden, an einen von den streng geheimen Orten. Sofort. Weil jetzt Showtime ist. Ich bin ziemlich sicher, dass Showtime ist.

„Hey, Anthony? Bist du wach? Ich hätte da mal eine Frage."

DANKSAGUNG

Wir sind Lorne Michaels und den Darstellern und Mitarbeitern von *Saturday Night Live* zu Dank verpflichtet, insbesondere Chris Kelly und Sarah Schneider, die viele von *SNLs* Donald-Trump-Sketchen geschrieben und Ideen für die Fotos in *Meine fantastische Präsidentschaft* beigesteuert haben. Dank auch an Steve Higgins. Für Alecs Auftritte als Trump bei *SNL* waren Louis Zakarian, Jodi Mancuso und Michael Anzalone in dieser Reihenfolge für Haare, Make-up und Garderobe verantwortlich – während der Fotoaufnahmen für dieses Buch haben Jodi und Michael diese Aufgabe ebenfalls übernommen.

Unsere Partner bei Penguin Press haben uns ausnahmslos unterstützt und das Projekt voller Enthusiasmus begleitet – vor allem Scott Moyers, Ann Godoff, Claire Vaccaro, Darren Haggar, Christopher Richards, Kiarra Barrow, Matt Boyd und Sarah Hutson.

Dank an die Kreativchefin Bonnie Siegler bei Eight and a Half und die Gestalter Adam Lehman, Kellie Pcolar und Kristen Ren.

Dankbar sind wir auch unserem Fotografen Mark Seliger sowie der Produktions-Koordinatorin Coco Knudson.

Wir danken auch Mary Ellen Matthews für zusätzliche Fotoaufnahmen, dem Location-Scout Ernie Liberati, dem Produktionsdesigner Rob Strauss, der Location-Koordinatorin Lu-Ann Russell, dem Maskenbildner Jason Milani und den Foto-Retuscheuren Rachel Crowe und Salvatore Fibbri. Und unseren Schauspielern Shea Glasser (als Trumps Frauen), Derek Brantley (als Secret-Service-Agent) und Earl Gatachalian (als Butler im Weißen Haus). Besonders dankbar sind wir Jim Warlick, dessen Wanderausstellung American Presidential Experience unserem Oval Office als Kulisse diente, und seiner Kollegin Alesia Jones. Danke an Milton Glaser für die Trump-Wodka-Leihgaben und an David Owen für die Erklärungen zum Golfspiel.

Alec möchte Karen Gantz und vor allem seiner Frau Hilaria danken, die tapfer eine *SNL*-Staffel voller Trump durchgehalten hat und alles, was dazugehörte.

Kurt dankt Suzanne Gluck, Eric Zohn und Alicia Glekas Everett bei WME sowie George Sheanshang und Eric Rayman. Und er ist Anne Kreamer dankbar dafür, dass sie monatelang ertragen hat, wie er sich in Trump einfühlte, und dafür, dass sie seine erste Leserin war.

ÜBER DIE AUTOREN

Alec Baldwin ist auf der Bühne, im Fernsehen und in über sechzig Kinofilmen aufgetreten. Für seine Arbeit erhielt er eine Oscar-Nominierung (für *The Cooler – Alles auf Liebe*), eine Tony-Nominierung, zwei Emmy Awards, drei Golden Globes und sieben SAG Awards in Folge für *30 Rock*.

Er hat einen BFA in Schauspiel und ist Träger der Ehrendoktorwürde der Tisch School of the Arts. Die Hilaria and Alec Baldwin Foundation unterstützt viele Organisationen und wohltätige Zwecke im Bereich der Künste und öffentlichen Belange. Darüber hinaus ist er der Autor von *A Promise to Ourselves* und einer Autobiografie mit dem Titel *Nevertheless*. Er ist mit Hilaria Thomas Baldwin verheiratet und hat vier Kinder: Ireland, Carman, Rafael und Leonardo.

Kurt Andersen ist Autor dreier von der Kritik gefeierter Romane, die alle auf der Bestsellerliste der *New York Times* standen, zuletzt *True Believers*. Zu seinen Sachbüchern zählen *Fantasyland*, *Reset* und *The Real Thing*. Außerdem hat er für Fernsehen, Kino und Theater geschrieben. Darüber hinaus ist er Moderator und Mitschöpfer der mit dem Peabody Award ausgezeichneten Radiosendung *Studio 360*, und *The New York Times* sowie *Vanity Fair* veröffentlichen regelmäßig seine Artikel. Er war Kolumnist und Kritiker bei *The New Yorker* und *Time*, war als Chefredakteur für *New York* tätig und ist Mitgründer der Zeitschrift *Spy*.

BILDNACHWEIS

TEXTTEIL

Alle: © Mark Seliger, Alec Baldwin; Abbildungen von Ivanka Trump: Michael Loccisano, Getty Images (S. 53, links); Peter Kramer, Getty Images (S. 53, rechts); Dimitrios Kambouris, Getty Images (S. 144–145); Lars Niki, Getty Images (S. 161); Abbildungen auf „Buchcover": Mary Ellen Matthews (S.17, 201); Abbildung des Weißen Hauses: David Everett Strickler, Unsplash (S. 106).

TAFELTEIL (FORTLAUFEND)

Alle: © Mark Seliger, Alec Baldwin; Abbildungen von Ivanka Trump: Peter Kramer, Getty Images; Evan Agostini, Getty Images, Lars Niki, Getty Images.